스마트한 사람은
질문으로 차이를 만든다

ATAMA NO IIHITO HA 'SITSUMON' DE SA WO TSUKERU

Copyright © Yuichi HIGUCHI 2023
First published in Japan in 2023 by DAIWA SHOBO Co., Ltd.
Korean translation rights arranged with DAIWA SHOBO Co., Ltd.
through Imprima Korea Agency
Korean edition copyright © 2024 by Yeamoon Archive Co., Ltd.

이 책의 한국어판 저작권은 Imprima Korea Agency를 통해
Daiwa Shobo Co., Ltd.과의 독점계약으로 예문아카이브 주식회사에 있습니다.
저작권법에 의해 한국 내에서 보호를 받는 저작물이므로 무단전재와 무단복제를 금합니다.

QUESTION

스마트한 사람은
질문으로 차이를 만든다

히구치 유이치 지음 | 단선주 옮김

"어떻게 대화하고 어떻게 질문할 것인가"

시작하며

똑똑한 사람은 '질문'으로 이긴다

커뮤니케이션에 활용하는 최강의 도구

사람이 세상을 살아가는 데 타인과의 대화는 피할 수 없는 일이다. 가까운 사이에서 나누는 일상적인 대화부터 비즈니스 자리에서 오가는 협상까지 우리는 늘 누군가와 이야기하며 살아가고 있다. 그런데 이러한 커뮤니케이션이 서툴러서 고민을 하는 사람도 적지 않을 것이다.

- 상대가 무슨 생각을 하는지 파악하지 못해서 대화의 주도권을 잡지 못한다.

- 정보를 더 이끌어내고 싶지만 깊이 있는 대화를 나누지 못하고 끝나버린다.
- 일대일 회의나 협상에서 늘 끌려다닌다.
- 뭐라고 말을 꺼내야 할지 몰라서 곤란할 때가 많다.
- 커뮤니케이션을 할 때마다 평판을 깎아 먹는 느낌이다.
- 낙심한 사람을 격려하고 싶은데, 무슨 말을 해야 할지 모르겠다.

  대부분의 사람은 이런 고민의 원인이 말주변이 없기 때문이라고 생각하지만, 실은 그렇지 않다. 커뮤니케이션이 능숙한 사람은 말주변이 좋다기보다 커뮤니케이션에 편리한 '어떠한 것의 사용법'을 잘 알고 있다. 그 '어떠한 것'을 활용하면 대화가 편해질 뿐만 아니라 상대에게 신뢰를 주며 똑똑한 사람이라는 평가를 얻는다. 결과적으로 업무도 일상도 순조롭게 진행된다. 커뮤니케이션이 힘든 사람들에게 꼭 필요한 '어떠한 것'이란 무엇일까? 바로 '질문'이다.

질문하는 것이 부끄럽다

질문에는 어떠한 이점이 있을까? 우선 질문을 잘하면 좋은 답변이 돌아온다. 어떤 정보를 얻고자 할 때 질문을 능숙하게 할수록 밀도 높은 정보를 얻을 수 있다. 유익한 정보는 경쟁자와 차이를 벌릴 수 있는 지름길을 알려준다.

또한 질문을 통해 상대를 파악하고 상대가 원하는 것을 알아낼 수 있다. 협상이나 설득이 필요한 자리에서 질문 없이 결실을 거두는 대화는 성립되기 어렵다. 질문으로 상대의 생각과 의도를 파악하면 한 발짝 더 나아간 커뮤니케이션이 가능할 뿐 아니라 거리감을 좁히려고 애쓰지 않고도 상대를 움직일 수 있다.

나아가 질문으로 대화의 우위를 선점할 수 있기에 상대가 가진 사고의 틀을 어느 정도 한정시킬 수 있다. 즉, 자신이 이야기하고 싶은 내용으로 자연스럽게 유도하며 대화 주제를 설정할 수 있는 것이다. 물론 잡담도 두렵지 않다. 갑작스러운 침묵도 겁내지 않고 그 시간마저 유익하게 바꿀 수 있다.

지금 나열한 이점은 일부에 불과하다. 이 정도로 잠재력이 큰 '질문'을 안타깝게도 대화에 적극적으로 활용하지 않는 사람도 있고 가능하면 피하려는 사람도 있다. 필자는 논술 첨삭 지도와 화법, 문장 작법을 주제로 한 강연회 등을 통해 어린아이부터 성인까지 다양한 연령대의 사람들을 접했다. 그 경험을 바탕으로 질문이라는 편리한 도구를 의식적으로 활용하는 사람이 소수임을 알 수 있었다. 오히려 많은 사람이 '질문하는 것은 부끄럽다'라고 생각한다.

괜한 질문을 해서 "그것도 모르냐"라며 무시를 당할 바에는 질문하지 않는 편이 낫다고 생각한다. 대화가 깊어져서 밑천이 드러날 바에야 차라리 얄팍한 대화로 그 자리를 넘어가는 편이 낫다고 생각할 수도 있다. 이러한 생각 자체가 너무나 안타깝다.

질문을 부끄럽게 여기는 이들에게 확신을 품고 전하고 싶은 말은 '질문하는 사람은 절대로 어리석어 보이지 않는다'라는 것이다. 질문하는 사람은 어리석어 보이지 않을뿐더러 오히려 똑똑해 보인다. 그리고 질문으로 상대에게 호감을 줄 수도 있다.

질문이 주목받는 시대

앞으로는 적절한 질문이 인생의 풍요로움에 큰 영향을 미칠 것이다. 지금은 그 전환기에 서 있다고 할 수 있다. 이미 챗GPT를 비롯한 생성형 AI가 주목받으며 비즈니스에서 불가결한 존재로 자리 잡고 있다. 챗GPT로 유익한 정보를 얻으려면 적절한 '질문'이 필요하다. 막연한 질문으로는 막연한 답밖에 얻을 수 없다.

생성형 AI로 정밀도 높은 정보를 얻으려면 보다 구체적으로 질문해야 하고 어떤 순서로 무엇을 질문할지 정하는 기술적인 스킬이 필요하다. 생성형 AI와의 커뮤니케이션은 납득할 수 있는 답변을 얻을 때까지 원하는 만큼 브레인스토밍할 수 있다는 이점이 있지만, 여러 번에 걸쳐 다각적으로 질문을 이어가지 못하면 애초에 AI와의 대화는 성립하지 않는다.

일문일답의 표면적인 대화로 끝나지 않으려면 어떻게 질문해야 하고, 보다 정확하고 밀도가 높은 답변을 얻으려면 무엇을 질문해야 하는지와 같은 '어떻게 질문할 것인가?'가 더욱 중시되는 시대다.

실제 인간과의 대화에서는 AI와의 대화와 마찬가지로 질문으로 유익한 정보를 얻을 수 있을 뿐 아니라, 질문을 활용한 커뮤니케이션은 인간관계에도 긍정적인 영향을 미친다. 예리한 질문 하나로 한순간에 상대의 입과 긴장이 풀리면 상대의 마음까지 열 수 있다. 반대로 단 하나의 질문을 계기로 일순간 경계심을 불러일으켜 입과 마음을 닫히게 만들 수도 있다.

그렇다고 걱정할 필요는 없다. 대화란 본디 어긋남과 수정의 연속이다. 가령 상대를 언짢게 했어도 이를 만회하는 방도가 되는 것 또한 질문이 가진 힘이다. 다소 부적절하거나 맞지 않는 질문을 했다면 각도를 바꿔 다시 질문하면 된다.

말을 잘못했다면 "다시 한번 질문하겠습니다"라고 고쳐 물을 수도 있다. 실패는 누구나 할 수 있으므로 두려워하지 않아도 된다.

예리한 질문과 그렇지 않은 질문은 틀림없이 존재한다. 하지만 질문에 좋고 나쁨이라는 잣대는 들이댈 수 없다. 누구나 부주의하게 서툰 질문을 할 수도 있다. 어리석어 보이는 질문을 하지 않으려면 능숙하게 질문하는 방법을 익혀두면 된다. 가장 미련한 행동은 이상한 질문을 해서 창피를 당할까 봐 의문을 품으면서도 질문하지 않는 것이다.

정보를 이끌어내는 '구체적인 질문'

한 대학에서 교수로 재직했을 때 입시 면접을 담당한 적이 있다. 입시뿐 아니라 취업 면접에서도 면접관의 질문에는 어느 정도 정해진 형식이 있다. "대학에서 어떤 공부를 하고 싶은가?" "고교 시절에 관심을 쏟은 분야는 무엇인가?" 같은 질문을 던지면 수험생들은 모범 답안을 참고해 미리 암

기해 온 답변을 결심히 말한다.

하지만 이것만으로는 수험생의 인성이나 개성을 알 수는 없다. 개중에는 어떻게 답변해야 할지 몰라서 긴장한 기색이 역력한 수험생도 있다. 질문에 "축구부에서 활동했다"라고 답변했다면 "축구라는 스프츠는 어떤 점이 흥미로운가?" "본인이 같은 포지션의 묘미는 무엇인가?" "좋아하는 팀은 어디인가?"와 같이 상대가 자신 있게 말할 수 있는 내용으로 주제를 옮겨 질문을 이어나간다. 학생들은 그제야 긴장이 풀린 얼굴로 말을 시작한다. 이처럼 질문 방법에 따라 상대가 활기차게 말할 수 있을지 없을지가 결정된다.

사람은 누구나 자신의 이야기를 말하고 싶어 하고 자신의 내면을 표현하고자 하는 욕구가 있다. 반드시 자랑스럽게 여기는 것이 있기 마련이기 때문이다. 면접에서는 모두 본모습을 숨기고 있지만 그 이면에는 분출하고 싶은 표현 욕구가 숨어 있다. 그 지점을 정확히 간파해 내면 질문이 상대를 해방시키는 스위치가 되어 이야기의 물꼬가 트인다. 마치 물로 가득 찬 물풍선이 펑 하고 터지는 느낌이다.

물풍선이 터지면 정보가 마구 쏟아진다. 상대의 표현 욕구를 자연스럽게 자극해 상대가 가진 생각의 방향성, 마음속 깊이 묻어둔 갈등과 고민, 여기서만 하는 이야기 등을 흔쾌히 풀어내면 질문자는 필요한 정보까지 얻을 수 있다. 협상, 설득, 상담, 협의, 잡담에 이르기까지 어떠한 상황에서도 커뮤니케이션을 자신의 무대로 가져올 수 있다.

질문자는 대화를 이끄는 사회자

버라이어티 프로그램을 보다가 깨달은 점이 하나 있다. 프로그램의 인기 사회자를 주의 깊게 보니 흥미롭게도 중요한 말은 거의 하지 않았다. "그래서 어떻게 했나?" "그때 무슨 일이 있었나?" "그게 언제 적 일인가?"와 같이 출연자에게 대수롭지 않은 질문을 반복하면서 에피소드를 이끌어낸다. 답변이나 반응을 살핀 후에는 이를 웃음으로 승화시키는 질문을 던져 출연자의 매력을 돋보이게 한다. 즉, 말주변이 좋다고 평가받는 사람은 실제로 질문을 잘하는 것이다.

코미디언이나 배우가 계단식으로 된 자리에 앉아 프로그램의 분위기를 고조시키는 형식의 버라이어티 프로그램에서는 멋대로 발언하거나 특이한 리액션을 보인다고 해서 녹화장의 분위기를 띄울 수 없을 뿐 아니라 심지어 편집되기도 한다. 프로그램의 재미는 출연자에게 이야기를 끄집어내는 사회자의 지휘봉에 달려 있다.

우리가 일상에서 나누는 대화도 비슷하다. 업무상 상대와의 대화가 순조로워 정신을 차려보니 몇 시간이나 이야기에 빠져 있었던 경험이 누구나 있을 것이다. '속마음을 너무 이야기했다'라거나 '상대의 페이스에 말렸다'라고 뒤늦게 후회하기도 한다. 이는 분명 상대가 대화의 사회자 위치를 의식했기 때문이다.

질문이란 상대가 윗사람이든 초면이든, 한 명이든 여러 명이든 그 자리의 대화를 자연스럽게 조절하며 자신에게 유리한 쪽으로 지휘할 수 있는 커뮤니케이션 기술이다. 물론 상대가 이야기하기 편한 환경을 마련해 대화가 끊이지 않을 뿐 아니라 활기를 더하고 즐겁고 유익한 시간을 보낼 수 있게 한다.

이렇듯 대화의 사회자가 되기 위해 필요한 도구가 질문이다.

질문을 입버릇으로 만든다

눈앞에 있는 상대에게 알아내고 싶은 정보가 있다고 하자. 그 정보를 알아내는 것이 업무상 중요한 임무라면 '가르쳐달라'라거나 '알려달라'라며 질문의 방향이 한쪽으로 치우치기 쉽다. 혹은 상대에게 비집고 들어갈 틈이 없을 때도 마찬가지다. 질문을 하면 된다고 알고 있지만 긴장한 탓인지 적절한 표현이 떠오르지 않는 상황이 종종 일어나기도 한다.

이러한 상황에 빠지지 않으려면 일상에서도 질문하는 습관을 들여야 한다. 이 책에서는 일상에서 언제든 참고할 수 있도록 다양한 상황에 적합한 질문을 소개하고자 한다. 질문이 입버릇이 되면 질문을 습관화할 수 있다. 질문이 습관이 되면 커뮤니케이션 능력이 비약적으로 향상될 것이다.

이 책의 구성

1장 유익한 정보를 이끌어내는 질문들

상대의 이야기를 정확하게 듣고 얻고자 하는 정보를 확실히 얻기 위한 토대가 되는 질문을 망라했다. 이런 질문을 평소 입버릇으로 만들어두면 질문력을 한층 더 단련시킬 수 있다.

2장 협상을 원활하게 진행하는 질문들

업무도 일상생활도 협상과 설득의 연속이다. 2장에서는 비즈니스 현장을 예로 들어 위태로운 상황을 해결하는 질문의 예를 소개한다.

3장 신뢰를 얻는 질문들

상대가 '이 사람과 이야기를 나누면 즐겁다'라고 느끼고 자신도 스트레스 없이 대화에 임할 수 있다면 더 이상 바랄 것이 없다. 일상에서 경험할 수 있는 질문의 효용성을 살펴보자.

4장 위기를 기회로 바꾸는 질문들

대화가 교착 상태나 정체에 빠져 어색한 분위기가 흐를 때도 질문은 도움이 된다. 항상 장황한 이야기로 난처하게 만드는 상대에게도 질문을 적절히 사용하면 상황을 쉽게 전환할 수 있다.

5장 사람을 움직이는 질문들

부하 직원이나 후배의 의욕을 이끌어내고 싶을 때도 질문은 중요하다. 물론 소중한 인간관계를 좀 더 원활하게 하는 데도 도움이 된다. 타인을 격려하거나 의욕을 북돋우기 위한 커뮤니케이션 비결을 소개한다.

이 책에서 소개하는 질문을 꼭 실생활에서 활용해 보길 바란다. 하지만 이 책의 질문은 하나의 예시에 지나지 않는다. 상황에 맞게 재구성해 활용하면 자연스럽게 훈련이 되고 저절로 질문력이 단련될 것이다.

질문을 하면서 점차 자신만의 질문 방식이 형성된다. 무엇보다 '질문은 부끄럽다' 같은 생각을 조금도 하지 않게 될 것이다. 지금처럼 '무슨 말이든 해야 해' '할 말이 없어!'와 같이 초조한 상황은 더 이상 찾아오지 않을 것이다. 이제는 '뭐부터 들어볼까?' '어디까지 알아낼 수 있을까?'라며 커뮤니케이션이 즐거워질 것이다.

  이 책을 다 읽고 질문은 가장 간편한 대화법이라는 사실을 깨닫기 되길 바란다. 이제 질문의 늪에 푹 빠져보자. 질문을 내 편으로 만들면 반드시 새로운 커뮤니케이션의 세계가 펼쳐지리라 약속한다.

차례

시작하며 똑똑한 사람은 '질문'으로 이긴다　　4

1장
유익한 정보를 이끌어내는 질문들

01 정보의 정밀도 올리기	24
02 궁금한 것을 빠짐없이 질문하기	30
03 논점을 명확히 하기	34
04 유연하게 반론하기	38
05 상대의 확신을 허물기	43
06 요약하며 대화를 이끌어가기	48
07 상대가 마음껏 자랑하도록 하기	53
08 상대가 쉽게 이야기할 수 있도록 유도하기	58
09 판단 재료 수집하기	63
10 이의 제기하기	68

2장
협상을 원활하게 진행하는 질문들

01	첫만남의 긴장 풀기	74
02	관계성을 구축하기	79
03	자존심을 자극하기	84
04	상대의 주장을 드러내기	89
05	상대가 주장하기 편한 상황을 설정하기	94
06	본심을 가늠하기	99
07	긍정을 말하게 하기	104
08	자신의 의견에 상대를 끌어들이기	109
09	우위에서 대화를 진행하기	114
10	기분 좋게 답변 받아내기	118

3장
신뢰를 얻는 질문들

01 분위기를 부드럽게 만들기	124
02 불편한 분위기에 어울리기	129
03 다시 만난 상대와 더 가까워지기	134
04 상대에 관한 정보가 없는 상황에 대처하기	138
05 거리 좁히기	143
06 상대의 발언을 좀 더 이끌어내기	148
07 각을 세우지 않고 의견을 주장하기	153

4장
위기를 기회로 바꾸는 질문들

01 교착 상태에서 벗어나기	160
02 정체된 대화를 가속시키기	165
03 대화의 불완전 연소를 해소하기	170
04 불합리한 요구에 넘어가지 않기	175
05 원활하게 요구를 관철시키기	179
06 상대의 갑작스러운 불쾌함에 대처하기	183

07 상대의 장황한 이야기를 제어하기 187
08 끝을 모르는 자랑을 멈추게 하기 192
09 하기 싫은 이야기를 중단시키기 197

5장
사람을 움직이는 질문들

01 팀의 사기를 높이기 202
02 흉금을 터놓게 하기 207
03 꾸짖어야 할 때는 꾸짖기 212
04 실패로 낙담한 상대를 다시 일으키기 217
05 태만한 부하 직원을 움직이게 하기 222
06 폭주를 멈추게 하기 226
07 부정적인 보고나 상담에 대응하기 231
08 정답을 바라는 사람에게 조언하기 235

QUESTIONS

1장

유익한 정보를 이끌어내는 질문들

01

정보의 정밀도 올리기
정확히 말하면 무슨 의미인가요?

 말의 정의를 확인하는 질문을 입버릇으로 만든다

── 이러한 상황이라면
- 상대방에게 정확하고 유익한 정보를 이끌어내고 싶을 때

── 이렇게 질문해 보자!
- 제가 사용하는 의미는 이런데, 맞나요? (정의)
- 지금 무슨 일이 일어나고 있나요? (현상)
- 앞으로 결과가 어떻게 될 거라고 예상하나요? (결과)

질문으로 정의, 현상, 결과를 명확히 한다

이 장에서는 구체적인 상황을 예로 들어 실생활에서 누구나 바로 사용할 수 있는 '똑똑한 질문'을 소개하고자 한다.

예를 들어 젊은 팀 리더에게 선배가 "팀을 단합시키려면 업무 내용의 가시화가 가장 중요하다"라고 조언했다고 하자. 아마도 팀 리더는 선배의 말을 순순히 받아들이고 납득할 것이다. 왜냐하면 선배가 한 말에서 이해하기 어려운 단어는 없기 때문이다.

그럼 생각해 보자. '업무 내용의 가시화'는 구체적으로 무엇을 가리키는가?

일상에서든 비즈니스에서든 대화 당사자 간에 말의 의미를 애매한 상태로 받아들인 채 이야기를 나누고도 서로 이해한 척하는 경우가 있다. 어쩌면 대부분이 그렇다고 할 수도 있다. 각자가 이해한 말의 의미가 다르기 때문에 해석이 엇갈리는데도 서로가 그 사실을 눈치채지 못한다. 잡담이라면 다행이지만 업무와 관련된 상황이라면 문제가 생길 수도 있다.

그럴 때는 다음과 같이 질문해 보자.

- 업무 내용의 가시화란 정확히 말하면 무슨 의미인가요?
- 업무 내용의 가시화란 ○○라는 의미인가요?

이렇게 질문하면 선배가 말한 단어의 '정의'를 알아낼 수 있다. '업무 내용의 가시화란 각자가 어떤 업무를 맡고 있는지를 클라우드 등에 공유하는 것', 혹은 '자신의 업무를 공개하지 않고 혼자서 처리하던 것을 중단하는 것'이라는 답변이 돌아올 수 있다.

업무 내용의 가시화라는 말을 이해한 척 넘어가면 선배가 전달하고자 한 내용을 제대로 파악할 수 없다. 이때 "정확히 말하면 무엇인가요?"라고 정의를 묻는 단 한마디로 선배의 생각을 구체적으로 알아낼 수 있을 뿐 아니라, 그 답변을 통해 확장된 시야로 자신이 해야 할 일을 찾을 수 있다.

먼저 '질문의 3WHAT'을 습관화한다

질문의 목적은 필요로 하는 무언가의 정보를 얻는 것이다. 정보는 상대가 가진 데이터일 수도 있고 커뮤니케이션을 거듭할수록 얻을 수 있는 진심이나 의도일 수도 있다.

여기서 정보의 정밀도를 높이기 위한 질문의 포인트는 바로 '3WHAT'이다.

질문의 3WHAT		
정의 그것은 무엇인가?	**현상** 무슨 일이 일어나고 있는가?	**결과** 그 결과 무슨 일이 일어나는가?

이 중 가장 중요한 것이 앞서 설명한 '정의(그것은 무엇인가?)'다. 본래의 개념을 확실히 파악하는 것이다. 다만 '정의는?'이라고 단도직입적으로 물으면 따지는 것처럼 들릴 수 있으므로 에둘러서 물어볼 필요가 있다.

△ 그 말의 정의는?

○ 저는 ○○라는 말을 이런 의미로 사용하는데, 맞나요?

이런 식으로 '약간 맥락이 다른 것 같다'라는 뜻을 담아 상대에게 유연하게 질문을 던질 수 있다.

질문이 떠오르지 않을 때도 도움이 된다

질문의 3WHAT 중 '현상'은 지금 당장 직면해 있는 문제나 상황을 묻는 질문이다. 앞서 든 예시로 살펴보면 다음과 같다.

○ 업무 내용이 가시화되어 있지 않아서 무슨 일이 일어나고 있나요?

"무슨 일이 문제가 될 수 있나요?"라고 질문하면 성과뿐 아니라 과제도 알아낼 수 있다.

마지막으로 '질문의 3WHAT' 중 '결과'는 향후 예상이나 전망을 명확히 하는 질문이다.

○ 업무 내용의 가시화가 이루어지면 앞으로 어떤 결과를 얻을 수 있나요?

이렇게 질문하면 상대의 시야가 확장되며 앞으로 나아갈 방향에 대한 논의를 수월하게 진행할 수 있다.

질문은 자신이 느낀 점이나 알고 싶은 점을 물어보는 것이다. 그런데 무언가 말해야 하는 상황에서 아무것도 떠오르지 않을 때는 이 3WHAT의 순서로 질문하는 습관이 다양한 상황에서 도움이 된다.

커뮤니케이션 중에 '키워드는 무엇을 가리키는가?' '무슨 일이 일어나고 있는가?' '앞으로 어떤 결과가 예상되는가?' 같은 문장을 일버릇처럼 익숙하게 사용하면 할수록 질문이 능숙해질 것이다.

02
궁금한 것을 빠짐없이 질문하기
그 일은 어떠한 이유로 언제부터 일어났나요?

 대화 중에 잇따라 떠오르는 의문은 질문으로 해소한다

— 이러한 상황이라면
- 주제를 구체화시키고 싶은데, 상대의 이야기가 애매할 때

— 이렇게 질문해 보자!
- 그 배경과 원인은 무엇인가요? (왜)
- 다른 곳의 상황은 어떤가요? (어디서)
- 이전에는 어땠나요? (언제부터)
- 어떤 방법이 있나요? (어떻게 하면 되는가)

빠진 정보의 조각을 맞추는 질문

어떤 정보가 머릿속에 확실히 입력되려면 우선 납득할 수 있어야 한다. '맞아'라고 납득했을 때 비로소 정보는 살아 있는 지식이 되어 업무나 일상생활에서 활용할 수 있다.

그러나 상대의 이야기가 어딘가 애매하거나 지나치게 한쪽에 치우쳐 있을 때, 무언가를 의식적으로 피하려고 할 때는 제대로 들으려고 하면 할수록 머릿속에 물음표가 떠오른다. 이때 이 물음표를 해소해 주는 것이 3W1H다.

질문의 3W1H

WHY	WHERE	WHEN	HOW
이유(왜?)	지리(어디서?)	역사(언제부터?)	대책(어떻게?)

이 관점은 앞에서 소개한 3WHAT과 마찬가지로 알고자 하는 정보의 정밀도를 높이는 질문이다. 3WHAT에 이어 3W1H를 각각 질문하거나 물음표가 떠오른 부분에 대한 질문을 던진다. 앞에서 예로 든 '업무 내용의 가시화'로 살펴보자.

Q

- **(WHY·이유)** 업무 내용의 가시화는 왜 중요한가요?

- **(WHERE·지리)** 선배가 전에 소속된 부서는 어땠나요?

- **(WHEN·역사)** 클라우드를 사용한 업무 내용의 가시화를 우리 부서는 언제부터 시작했나요?

- **(HOW·대책)** 업무 내용의 가시화를 실행하려면 어떤 시스템을 도입해야 도움이 될까요?

주제를 구체화하는 질문은 좋은 평가를 이끌어낸다

이처럼 이유, 지리, 역사, 대책의 3W1H의 관점을 활용하면 필요한 정보를 빠짐없이 알아낼 수 있다. 예를 들어 '신상품 개발이 필요하다'라는 의견에 반대하며 '기존의 상품 영업 전략을 수정해 판매를 늘려야 한다'라고 가정했을 때, "왜 이 시기에 신상품 개발이 필요한가요?" "동종업계 타사의 상황은 어떤가요?" "이전의 상품 개발 성과는 어땠나요?" "인력이 부족한 현 상황에 어떻게 하면 신상품 개발에

인력을 투입할 수 있나요?"와 같이 구체적으로 질문할 수 있다.

질문을 던지는 동안 상대가 가진 생각에서 애매한 부분이 드러나면 이를 이용해 자신의 주장을 유리하게 펼친다. 또 거듭된 질문으로 상대가 어떤 점을 납득하지 못하는지도 파악할 수 있다. 바로 그 부분을 겨냥해 질문을 이어나간다.

이전에 살펴본 3WHAT과 이번에 소개한 3W1H는 깊이 있는 사고를 가능하게 하는 훈련이 되기도 하므로 의식적으로 이러한 관점에서 이야기를 들으면 빠진 정보의 조각을 쉽게 알아차릴 수 있다.

무엇보다 상대가 제공하는 정보가 애매할 때, 회의가 진척되지 않을 때, 3WHAT과 3W1H의 관점에서 질문을 이어나가면 틀림없이 중요한 질문을 하는 사람이라고 인정받을 수 있을 것이다.

03

논점을 명확히 하기
○○의 □□에 대해 어떻게 생각하나요?

 개괄적인 질문보다 구체적인 질문으로

— 이러한 상황이라면
- 상대의 생각을 알고 싶을 때, 막연한 질문만 하다가 끝내고 싶지 않을 때.

— 이렇게 질문해 보자!
- □□라는 문제가 일어나는 이유는 무엇이라고 생각하나요?
- 회의가 늘 1시간 이상 늘어지는 이유는 뭐라고 생각하나요?

'뭘 알고 싶은 걸까?'라고 생각한다면 이미 실패다

답변하기 쉬운 질문과 어려운 질문이 있다. 답변하기 어려운 질문은 대부분 개괄적이고 막연해서인 경우가 많다.

함께 영화를 본 후 "어땠어?"라고 묻는다면 질문이 개괄적이기는 해도 답변하기는 어렵지 않다. 같은 체험을 한 직후이드로 주제가 확실하기 때문이다. 그런데 회사 동료에게 "어땠어?"라고 묻는다면 당황할지도 모른다. '어땠냐니…, 아까 프레젠테이션을 말하는 건가? 아니면 부장님 기분을 말하는 건가?'와 같이 '뭐라고 대답하지?'라는 생각이 들게 하기 때문이다.

질문에 좋고 나쁨은 없다. 하지만 상대에게 '뭘 알고 싶은 걸까?'라는 생각이 들게 한다면 그 질문은 좋은 질문이라고 할 수 없다.

"어때?"라는 개괄적인 질문은 상대가 자유롭게 생각하기를 바랄 때, 질문자가 답변을 전혀 예측할 수 없을 때, 회의 중 자신이 주도권을 잡지 않고 누군가에게 맡기고 싶을 때 도움이 된다. 그러나 이러한 질문은 질문을 받은 상대에게 부담을 준다는 점을 명심해야 한다. 사안이나 상황에 따라 다르지만 "어때?"라고 전부 떠넘기면 예상치 못하게 평가를 떨어뜨릴 가능성이 있다.

여기서 중요한 것이 구체적으로 질문하기다.

- 맞아. 예전에는 자료 제출 기한이 전날 아침이었다는데, 알고 있었어?

  (예시 답변) 몰랐어. 언제부터 바뀐 거지.

- 그런데 말이야, 회의 진행 방식에 대해서는 어떻게 생각해?

'자료'라는 구체적인 대상을 통해 '제출 기한' '이전 상태'와 같은 구체적인 질문을 이어가면서 이야기를 심화시킨다. 이때 앞에서 소개한 3WHAT과 3W1H의 관점을 의식하면 질문이 끊기지 않을 것이다.

예시에서 알 수 있듯 구체적으로 질문한 후 정리하는 목적이라면 "어때?"라는 질문도 효율적으로 작용한다.

예를 들어 다양한 분야의 전문가를 소개하는 다큐멘터리 프로그램의 마무리 부분에서 '프로페셔널이란?'이라는 질문 자막이 흐른다. '프로페셔널'한 질문은 분명 근사하다. 하지만 이 질문은 등장인물의 인성이나 공적을 소개한 후에 이어졌기 때문에 비로소 설득력을 갖춘다.

따라서 '어때?' 'ㅇㅇ이란?' 같은 질문은 일상에서는 대화의 시작이 아니라 가능하면 마무리에서 사용하는 것이 적절할 것이다.

04

유연하게 반론하기

물론 ○○라고 할 수 있습니다. 하지만 □□라고도 할 수 있지 않을까요?

 이론 제기는 먼저 상대의 주장을 칭찬한 후에 질문으로

— 이러한 상황이라면
- 상대가 발언한 내용의 문제점을 유연하게 지적하고 논리적으로 논의하고 싶을 때

— 이렇게 질문해 보자!
- 물론 찬성입니다만, 반대하는 사람도 있지 않을까요?
- 정말 훌륭한 아이디어지만, 예산을 어떻게 확보하죠?

스마트한 사람으로 보이는 만능 질문

상대의 말에 납득하지 못하거나 상대의 의견에 반대하고 싶을 때 '그건 아니다' '난 그렇게 생각하지 않는다'라고 무턱대고 주장하면 불이익을 당할 수 있다. 설령 상대가 분명히 틀렸다고 해도 무조건 부정하는 것은 매우 서툰 대응이다.

상대의 주장을 듣고 예리하게 문제점을 파악해 언쟁을 벌이지 않고도 질문 형식으로 똑똑하게 주장할 수 있는 방법이 있다.

× 그런 아이디어에 직원들이 동의할 거라고 생각하나요?

○ 물론 매우 참신한 아이디어입니다. 하지만 그 방법은 직원들에게 난이도가 높다고 생각하지 않나요?

○ 질문처럼 '물론' 뒤에 상대의 의견을 일단 인정하고 '하지만'으로 되받아서 자신의 주장을 펼치는 '물론~하지만~'을 활용하면 스마트하다는 인상을 주면서 자신의 주장을 펼치며 대화를 진행할 수 있다.

질문할 때마다 현명해진다

필자는 오랫동안 대학 수험을 위한 논술 지도를 해왔다. 그 경험을 토대로 말하고 싶은 것이 있어도 논리적으로 문장화하지 못하는 학생을 합격 수준으로 끌어올리는 중요한 열쇠가 바로 '물론~하지만~'임을 확신할 수 있었다.

논술뿐만 아니라 비즈니스 문서나 짧은 메일도 자신의 주장을 일방적으로 펼치기만 하면 읽는 사람을 설득시킬 수 없다. 타인을 납득시킬 수 있는 문장에는 반드시 대안적 사고가 포함되어 있다. 간단히 말하면 자신과 다른 입장을 가진 사람까지 파악해 자신의 확신을 재고하는 관점이다. 이 관점을 구체화한 구문이 '물론~하지만~'이다.

이 '물론~하지만~'은 대화에서도 응용할 수 있다. '물론~하지만~'의 관점에서 대화를 진행하면 상대에게 반론하고 싶을 때도 각을 세우지 않고 질문할 수 있다.

- 물론 ○○라고 할 수 있습니다. 하지만 □□라고도 할 수 있지 않을까요?

질문할 때는 '하지만~' 이후를 머릿속에 자연스럽게 떠올린다. 이 작업은 '자신이 반대하는 이유'나 '자신의 주장에 결여된 점은 무엇인가'를 직시하는 사고 훈련이 된다. 그렇기에 더욱 깊이 있는 논의가 이루어지고, 상대에게도 유익한 정보를 끌어낼 수 있다.

무엇보다 상대의 주장을 먼저 인정한 후에 예리하게 반격할 수 있는 이점이 있다. 상대가 주장의 안일함이나 논리의 결여를 자각하고 있다면 '그 부분을 놓쳤구나!'라고 감탄할 것이다. 이처럼 질문을 활용하면 짧게 주고받는 대화에서도 스마트하다는 인상을 줄 수 있다.

'물론~하지만~' 구문은 다음과 같은 일상 속 상황에서도 활용할 수 있다.

- 윗사람에게 유연하게 반대 의견을 주장하며 깊이 있는 논의를 하고 싶을 때.
- 실패로 낙담한 부하 직원이나 후배를 격려하고 함께 대책을 검토하고자 할 때.
- 상대의 기분을 상하지 않게 하면서 주의를 주거나 질책할 때.

05
상대의 확신을 허물기

○○란 본래 □□여야 하잖아요?
그런데 지금은 그렇지가 않잖아요?

**사고의 '삼단계 전개'로 상대의 주장이 이상적인 상태에서
벗어나 있음을 깨닫게 한다**

— 이러한 상황이라면
- 상대의 발언이 근거가 부족할 때, 논리에 비약이 있을 때

— 이렇게 질문해 보자!
- ○○의 이상적인 방향은 □□잖아요?
  그런데 말씀하신 대로 하면 ××이 되지 않을까요?
  (그래서 나는 찬성 혹은 반대다.)

'삼단계 전개'로 상대의 빈틈을 파고든다

우리는 무언가를 판단할 때 무의식적으로 본래의 이상적인 상태와 비교한다. 이상적인 상태와 비교해 지금이 좋은지 나쁜지를 판단하고 의견을 말한다. 다시 말하면 우리가 어떤 것을 '좋다' 혹은 '좋지 않다'라고 생각할 때는 반드시 그 이유가 있는 법이다.

그런데 일상 대화에서는 그 과정이 애매하게 흘러가 버린다. 자신만만하게 자신의 주장을 펼치는 사람의 이야기를 잘 들어보면 그 이유가 '나의 경험으로는' '지금까지 우리 회사의 역사를 보면' '인기 유튜버가 말하길'과 같이 자신이 보고 들은 범위 안에 한정된 경우가 종종 있다. 이 상태에서는 논의를 발전시킬 여지가 없지만, 정작 본인은 그것을 주장의 근거라고 믿으며 자신의 시야가 좁다는 것을 눈치채지 못한다.

만일 이러한 상대와 업무 이야기를 진행해야 한다면 어떻게든 제대로 논의가 이루어질 수 있는 상황을 만들어야 시간을 낭비하지 않는다. 이때는 '본래'의 상태를 돌아볼 수 있는 질문을 던져 자기 무대로 끌어오는 것이 최선의 방법이다.

생각의 전환을 유도하는 질문 형식

예를 들어 어떠한 프로젝트라도 부서 단위의 활동만 인정하는 상사가 있다고 하자. 열정적으로 활동하고 싶은 사람에게는 매우 답답한 상황이다. '이것이 우리 회사의 전통'이라고 우기는 고집불통 상사와 담판을 벌여서 자유로운 활동을 인정받으려면 어떤 접근법이 효과적일까.

○ 회사는 본래 다양한 인재의 가능성을 최대한으로 이끌어내는 곳이어야 하잖아요? 그런데 늘 고정된 멤버로만 활동하도록 하는 현재 상황은 직원들의 가능성을 억누르는 것이 아닐까요? 따라서 저는 부서나 사내외 담을 허물고, 프로젝트마다 인재를 모집하는 방식을 희망합니다.

'본래' 뒤에 회사가 지향해야 할 이상향을 제시하고 이어서 현재 상황과의 비교를 질문으로 던진 후, 마지막에 자신의 생각을 말한다. 실제로 '본래'의 방향과 현실의 차이가 존재하므로 질문을 받은 쪽은 임기응변으로는 빠져나갈 수 없다는 것을 깨닫고 현 상황을 재고하게 될 것이다. 물론 자신의 주장이 즉각 받아들여질 것이라고 단정할 수는 없지만 적어도 상대의 확신을 허물어 깊이 있는 논의를 해나갈 수 있는 계기가 마련된다. 정리하면 다음과 같다.

> **본래 ○○은 □□여야 하지 않은가?** (→이상향을 제시한다)
> **그런데 (현재는) 그렇다고 할 수 없지 않은가?** (→현 상황과의 차이를 질문한다)
> **따라서 △△라고 생각한다.** (→자신의 생각을 제시한다)

포인트는 '본래' 다음에 누구나 납득하고 동의하는 대답을 이끌어내는 질문을 던질 수 있을지 여부다. '프로그래밍 교육은 본래 논리적 사고력과 창의성, 문제 해결 능력 등을 육성하는 것이 목적이지 않나요?' '돌봄이란 본래 사람과 사람 사이의 커뮤니케이션이 기본이지 않나요?'와 같이 지금 일어나고 있는 문제의 이상향을 제시하고 동의를 얻어야만 자신의 생각이 논리적으로 상대에게 전달되며 깊이 있는 논의를 진행할 수 있게 된다.

  이 질문은 상대의 비약된 논점을 수정하고 싶을 때도 효과적으로 작용한다는 것을 기억해 두자.

06

요약하며 대화를 이끌어가기

그건 즉, ○○라는 거죠??

 설명이 부족한 부분을 '미리' 요약하고 질문을 던진다

— 이러한 상황이라면
- 상대에 관한 정보와 생각이나 주장을 알고 있을 때, 상대의 생각이나 주장을 이해했음을 드러낼 때

— 이렇게 질문해 보자!
- 그건 즉, 지속가능성을 최우선으로 하자는 뜻이죠?
- 그건 즉, 지배구조를 재검토하라는 말씀이죠?

'나는 이렇게 이해했다'를 나타내는 질문법

'하나를 들으면 열을 안다'라는 말이 있듯 이해력이 빠른 사람이 있다. 그런 사람이 의도했든 의도하지 않았든 간에 영리함이 드러나는 순간이 질문이라고 생각한다.

직업상 다양한 취재에 응하는데, 그중에서도 '히구치식 논술 형식'을 주제로 한 취재 의뢰가 많다. 대부분의 기자는 그동안 쓴 책이나 지금까지의 활동을 미리 조사한 후에 찾아온다. 그래서 '히구치식 논술 형식'을 얼추 이해하고 있는 경우가 대부분이지만, 개중에서도 영리한 사람은 다음과 같은 질문을 사용한다.

○ 그건 즉, ○○라는 거죠?

필자는 '문제 제기' '의견 제시' '전개' '결론'으로 이루어진 4부 구성의 논술 형식을 추천하는데, 특히 '의견 제시' 부분에서 앞서 소개한 '물론~하지만~' 구문으로 설득력을 갖추도록 지도하고 있다. 이를 이해한 기자가 다음과 같이 질문

했다고 하자.

○ 의견을 제시할 때는 '물론 ~라는 반대 의견도 있다. 하지만 나는 이렇게 생각한다'라고 제시함으로써, 즉 자신의 의견에는 반론을 토대로 한 객관적인 관점이 존재한다는 것을 주장할 수 있다는 것이죠?

이처럼 요약해서 질문을 받으면 '제대로 이해하고 있구나' 하고 감탄하게 된다. 지금부터 자세히 설명하려던 내용을 포함해서 미리 요약해 주었기 때문에 대화 속도가 빨라지고 편해진다. 또한 이 질문으로 상대의 이해 수준도 단적으로 전달되어 답변하는 입장에서도 신뢰가 간다.

요약 질문으로 '일문일답' 이상의 성과를 얻는다

초면인 사람과 업무상 만나게 될 때, 상대를 알아보고 가는 것은 최소한의 준비이자 예의다. 자신에게는 상대에 관한 정보가 이미 있기 때문에 상대의 이야기를 잘 듣고 흐름을 맞추면서 '나는 이렇게 이해했다'라고 요약해 제시하고 질문을 던진다. 상대에 관한 예비 정보가 없어서 처음 이야기를 듣고도 요약이 가능했다면 더욱 영리함을 드러낼 수 있을 것이다.

요약하면서 상대의 이야기를 듣는 습관을 들이면 단순한 일문일답에 그치지 않는 깊은 대화를 할 수 있다. 상대가 좀 더 깊이 있는 정보를 알려줘야겠다고 생각할 수도 있다.

○ 그건 즉, 지속가능성을 최우선으로 한다는 뜻이죠?

○ 그건 즉, 지배구조를 재검토하라는 말씀이죠?

빠른 이해력은 타고난 것일 수도 있지만, 실은 누구나 습득할 수 있다. 질문을 제대로 활용하면 적어도 확실한 타이밍에 존재감을 드러낼 수 있다.

다만 '그건 즉?'이라는 질문에 '뭐, 그럴 수도 있겠네' '그건 생각하지 못했는데…'와 같이 떨떠름한 답변이 돌아온다면 상대는 질문자의 예측이 빗나갔음을 완곡하게 전달하는 것일 수도 있다. 따라서 심사숙고하면서 주의해서 사용해야 한다. 자신이 없는 상황에서 허세를 부리는 질문은 안 하느니만 못하기 때문이다.

07
상대가 마음껏 자랑하도록 하기
어떤 계기로 지금의 자리까지 왔나요?

 과거에 초점을 둔 질문을 던지면 상대는 자신의 스토리를
이야기하고 싶어진다

— 이러한 상황이라면
- 상대의 경험이나 에피소드를 상세히 알아내야 할 때, 상대가 많은 이야기를 하도록 유도하고 싶을 때

— 이렇게 질문해 보자!
- 그 역경에서 어떤 과정을 거쳐 대역전을 이루어냈나요?
- ○○씨의 스토리를 여는 서장이군요?

질문으로 '이야기하고 싶은 욕구'를 자극한다

업무상 중요한 인물과의 미팅에서 상대에게 차분히 이야기를 들어야 한다고 하자. '듣고 싶은 정보를 빠짐없이 알아낼 수 있을까, 흔쾌히 대화에 응해줄까, 상대가 말수가 없어 침묵이 이어지면 어쩌지'와 같은 생각이 들어 긴장하기 마련이다. 이러한 상황에서는 '사람은 누구나 자신의 이야기를 하고 싶어 하는 존재'라는 사실을 떠올리기 바란다.

만만치 않은 상대와의 대화에서는 상대의 '이야기하고 싶은 욕구'를 어떻게 자극할지가 관건이다. 무조건 상대를 치켜세우거나 "대단하네요!" "역시 다르네요!"와 같은 극찬만 한다면 상대가 논리적 사고의 소유자일수록 대화는 엇나갈 것이다.

상대의 '이야기하고 싶은 욕구'를 자극하는 적절한 질문은 상대가 흔쾌히 자랑하도록 만드는 질문이다. 질문자는 대화의 사회자라고 설명한 것처럼 사회자의 자리에서 상대의 '자랑으로 가득 찬 물풍선'을 터뜨려야 한다. 구체적으로는 다음과 같이 질문해 보자.

○ 어떤 계기로 ○○씨는 아무도 생각하지 못한 이 사업을 성공시킬 수 있었나요?

포인트는 '계기로' 단 한마디다. 이런 질문을 받으면 대부분의 사람은 시간을 거슬러 올라가 자신의 이야기를 해도 된다고 받아들인다. 그리고 이 질문자가 자신을 궁금해한다고 느껴 호감을 느끼게 될 것이다.

'계기'를 물어보면 모두 만족한다

계기를 물어보면 현재에 이르기까지의 시대 배경과 왜 그런 일이 일어났는지에 대한 이유도 알아낼 수 있다. 가령 상대에 관해 어느 정도의 정보를 얻어 면담에 임하는 경우 계기부터 이야기를 이끌어내면 점으로 흩어져 있던 정보가 비로소 선으로 연결되어 하나로 정리된다.

질문자에게도 큰 수확일 뿐 아니라 상대에게도 충분히 이야기했다는 만족감과 확실히 전달했다는 안도감을 준다. 이렇듯 어떤 질문을 어떻게 하느냐에 따라서 서로가 만족하는 커뮤니케이션을 실현할 수 있다.

Q

- 그 역경에서 어떤 과정을 거쳐 대역전을 이루었나요?
- 어떤 분과의 만남이 기폭제가 되어 지금의 일을 결심했나요?
- 지금 말씀하신 에피소드는 ○○씨의 스토리를 여는 서장이군요?

상대에게 많은 정보를 이끌어내려면 과거에 초점을 맞춰 상대가 이야기를 하고 싶도록 질문하는 것이 중요하다. 이는 상대가 대단한 사람이나 윗사람일 때만 해당하는 방법이 아니다. 일상 대화에서도 마찬가지다. 질문자가 던진 질문으로 상대가 '자신을 알릴 수 있는 시간을 얻었다'라고 느낀다면 예상을 넘어서는 정보를 얻을 가능성이 있다.

질문을 입버릇으로 만들라는 말은 질문광이 되라는 의미가 아니다. 아무리 질문을 거듭한들 그 질문이 상대의 '이야기하고 싶은 욕구'를 건드리지 못한다면 무미건조한 일문일답으로 흘러가 대화가 지속되지 못할 뿐 아니라 원하는 정보도 얻지 못한 채 상대와의 거리마저 멀어질 수 있음을 명심해야 한다.

08
상대가 쉽게 이야기할 수 있도록 유도하기
○○라니, 무슨 말이죠?

 추상과 구체를 넘나드는 질문으로 이야기를 명확히 한다

— 이러한 상황이라면
- '구체적으로 알기 쉽게 말하라' '추상적인 개념을 이해할 수 있게 정리하라'를 유연하게 전달하고 싶을 때

— 이렇게 질문해 보자!
- 각박해졌다니, 무슨 말이야?
- 볼펜 한 자루 때문에 경리과에 간다니, 무슨 말이야?

추상은 구체로, 구체는 추상으로 질문한다

요즘에는 궁금한 것이 있으면 스마트폰으로 바로 찾아볼 수 있다. 오래전에 회의 중 '스테이크홀더'나 '론치' 같은 비즈니스 용어를 몰라서 슬쩍 찾아보고 무사히 넘긴 적이 있다.

단어를 모르는 채로 넘어가면 회의 내용을 이해하지 못하니 좀 찾아야 하지만, 일상 대화라면 어떨까. 혹시 상대의 말에 다소 의문이 생겨도 이해한 척 넘어가거나 상대가 반응을 기대하며 이야기한 부분에서 적절하게 끼어들지 못하고 넘어가는 일이 자주 일어나고 있지 않은가.

예를 들어 대화 상대가 "요즘 정말 각박해졌어…"라고 중얼거렸다고 하자. '각박하다'라는 단어의 의미는 알고 있지만 상대가 무슨 말을 하고 싶어 하는지 알고 싶을 때는 다음과 같이 질문해 보자.

(상대) 요즘 정말 각박해졌어….
- 각박해졌다니, 무슨 말이야?

'각박하다'라는 말은 추상적인 표현이다. 이에 대해 "ㅇㅇ라니, 무슨 말이야?"라는 질문은 '무엇이 그런 생각을 들게 했는가?'를 묻는 것이다. 즉, "구체적으로 말해주겠어?"라는 질문이 된다. 그럼 상대는 "우리 회사는 소모품인 볼펜 한 자루를 써도 신청서가 필요해졌어. 일반 기업이라면 비품 창고에서 자유롭게 가져가서 사용하는 게 당연하다고 생각했거든"이라고 각박해졌다고 느낀 구체적인 에피소드를 편하게 이야기할 수 있게 된다.

'각박해졌어'라는 말은 무심코 내뱉은 푸념일 수도 있다. 그 말에 "ㅇㅇ라니, 무슨 말이야?"라는 질문을 던져 상대가 편하게 이야기할 수 있도록 분위기를 만들어보자. 반대로 상대가 구체적인 에피소드를 이야기할 때는 그 발언의 취지를 묻는 질문을 던질 수 있다.

Q

(상대) 볼펜 한 자루 때문에 경리과에 가야 해.

○ 볼펜 한 자루 때문이라니, 무슨 말이야?

(상대) 사무용품 하나를 써도 신청서가 필요해졌거든. 앞으로 경비가 삭감되면 점점 더 각박해지겠지.

'볼펜 한 자루 때문에 경리과에 간다'는 구체적인 사례에 대해 "○○라니, 무슨 말이야?"라는 질문을 던져 '즉, 말하고 싶은 것은 이러이러한 것이다'라고 정리하는 작용을 촉진할 수 있다. 상대가 자신의 발언을 추상화하도록 유도하는 것이다.

질문으로 상대의 사고 스위치를 누른다

대화에 구체적인 예는 필요하지만, '○○을 했습니다. □□도 했습니다'와 같이 개인적인 경험을 나열하며 끝마치는 초등학생이 쓴 작문과 같은 이야기를 듣고 있노라면 상대가 말하고자 하는 핵심을 파악할 수 없다. 상대가 구체적인 여를 말하면 반드시 "○○라니, 무슨 말이야?"라는 질문을 던져 '즉, ○○라는 것이다'와 같이 추상적인 수준으로 이야기를 심화시킨다.

반대로 '업무는 팀워크가 중요하다' '비즈니스는 넓은 시야로 바라보아야 한다'와 같이 시종일관 추상적인 이야기가 계속된다면 구체적인 예를 이끌어내는 질문을 던진다.

이와 같이 대화는 구체와 추상을 오가며 깊어진다. 상대의 이야기가 어딘가 모르게 납득이 가지 않을 때는 "○○라니, 무슨 말이야?"라는 질문을 던져 이해하기 쉬운 구체적인 예를 찾게 하거나 말하고 싶은 내용의 개념을 정리하도록 상대의 사고 스위치를 누른다. 질문 하나로 상대의 이야기가 더욱 명확해지는 것이다.

09

판단 재료 수집하기
단점은 무엇인가요?

 불리한 정보는 질문을 던져야 드러난다

— 이러한 상황이라면
- 상대가 '묻지 않으면 말하지 말자'라고 생각하고 있는 내용을 이끌어 내고 싶을 때

— 이렇게 질문해 보자!
- ○○인 경우 어떤 문제가 일어날 수 있을까요?
- 그렇게 간단한 절차로 완료된다니, 보안이 취약하지는 않나요?

상대가 무엇을 '말하지 않았는가'에 주목한다

상품을 파는 판매 상담은 상품의 장점을 어떻게 전달하는가가 핵심이다. 판매자의 화술이 뛰어날수록 별로 필요하지 않았던 상품이 매력적으로 다가와 당장 사지 않으면 손해라는 생각까지 하게 된다.

예전에 유행하던 승마 형식의 건강 기구를 구입한 적이 있다. 간편하게 운동 부족을 해소할 수 있다는 광고 문구에 끌렸지만, 사용한 지 얼마 되지 않아 오래 앉아 있으면 요통이 심해진다는 것을 알게 되었다. 구입할 때 '요통 환자가 사용해도 괜찮은가?'라고 확인하는 걸 까맣게 잊고 있었던 것이다.

우리는 자신에게 불리한 부분은 잘 이야기하지 않는다. 일상 대화에서도 비즈니스에서도 자신의 입장이 불리해지지 않도록 좋은 면만을 강조하거나 무난한 내용을 무의식적으로 골라서 이야기한다. 그런데 상대가 '묻지 않으면 말하지 말자'라고 생각하는 내용이 바로 자신이 알고 싶은 내용이라면 그 결과는 어떻게 될까. 중요한 정보를 알아낼 수 없을 뿐 아니라 상대의 의도에 보기 좋게 걸려드는 꼴이 된다.

물론 상대가 말하지 않으려고 했던 내용을 이끌어내는 질문법을 터득하고 있다면 걱정하지 않아도 된다. 여기서 포인트는 단점에 초점을 맞추는 질문이다.

○ 아주 좋은 이야기인데, 단점도 알려주시겠어요?

상품이나 서비스에 눈길을 끄는 장점이 있다면 그 장점을 반영하기 위해 희생된 단점이 있을 것이다. 예를 들어 업계 역사상 가장 작은 소형화가 강점이지만 그만큼 기능이 축소된 경우에는 다음과 같이 질문할 수 있다.

○ 소형화라는 장점 대신에 생긴 단점은 무엇인가요?

이런 날카로운 질문으로 상대가 말하지 않으려고 했던 기능 관련 정보를 이끌어낼 수 있다.

불리한 정보를 물어보고 최선의 판단을 내린다

상대가 이야기한 내용 중에 아직 언급하지 않은 측면이 있음을 깨달았을 때는 "이에 대해서는 어떻게 생각하나요?"라고 구체적으로 질문한다.

○ 그렇게 간단한 절차로 완료된다니, 보안이 취약하지는 않나요?

단점을 전달하는 방법을 미리 준비한 상대라면 기다렸다는 듯 질문에 답변할 것이다. 이 경우에는 알찬 대화를 나눌 수 있게 된다. 반대로 당황하며 말끝을 흐린다면 지적한 점을 전혀 생각하지 못했을 수도 있다. 이때는 매뉴얼에 따른 설명만으로는 납득할 수 없음을 전달하고 재고와 개선을 요구해야 한다.

우리는 인생에서 한 번도 접하지 못한 미지의 분야를 공부하고 논의하기도 한다. 집을 리모델링할 때는 설계 사무소와, 상속이 발생했을 때는 세무사나 회계사와, 투자를 시작할 때는 재무설계사와 만난다.

  이때 단단 재료를 수집하려면 단점을 묻는 말을 기억해 두어야 손해를 보지 않을 수 있다. 그러기 위해서는 무엇보다 잘 듣고 난 뒤에 빠진 조각을 찾는 것이 전제가 되어야 한다.

10
이의 제기하기
네?

 '그 해석은 정말로 옳은가?'라는 의문을 질문으로 바꾼다

— 이러한 상황이라면
- 정보를 좀 더 검증하고 싶을 때, 정밀 조사가 필요하다고 느낄 때

— 이렇게 질문해 보자!
- (정말로) 그래?
- 다시 한번 설명해 줄래요?

짧은 반응으로 의문을 제시한다

자신이 던진 질문에 돌아오는 상대의 답변을 듣고 우리는 상대의 지성을 가늠한다. 질문자가 알고 싶은 정보에 거침없이 답변할 뿐 아니라 추가 정보까지 제공해 주면 상대에게 절대적인 신뢰를 느낄 수 있다.

그런데 진지한 질문에 상대가 얼버무리듯 말하거나 모르면서 어떻게든 아는 것처럼 행동했다면 어떨까. 혹은 상대가 이야기하는 내용에 의문이 생길 때가 있다. 이러한 불안이나 의문을 그대로 두지 않고 상대에게 질문을 던져야 한다.

예를 들어 경쟁사의 신상품 시찰을 후배에게 맡겼다고 하자. 보고할 내용이 많을 텐데도 "좋은 상품이라고 생각합니다"라고 매우 주관적이고 유치한 감상을 늘어놓기만 한다면 그건 제대로 된 보고가 아니라고 말해야 한다. 이때 "어떤 상품이었지?" "어떤 점이 좋다고 생각했지?"라고 하나하나 가르치는 교육적인 질문을 던지기 전에 이렇게 질문해 보자.

○ 응?

이 한마디만 해보자. 가족이나 친구와의 일상 대화에서는 다음과 같이 질문할 수도 있다.

○ (정말로)그래?

이 짧은 반응이 '나는 너의 답변에 의문이 있다'는 것을 깨닫게 하는 계기가 된다. 즉, 이의 제기를 하는 것이다.

이와 같은 반응이 돌아오면 상대방은 다시 한번 생각하게 된다. 설령 발언한 상대가 윗사람이라도 '그 해석이 맞을까?' '정확한 정보를 전달하고 있는걸까?'라는 의문이 들었을 때는 이의를 제기해야 한다.

'네?'는 유연하게 항의할 때도 효과적이다

○ 네? 다시 한번 설명해 줄래요?

___

이처럼 '네?'에 덧붙여서 질문을 하면 상대에게 좀 더 유연하게 항의할 수 있다. 자신의 이해가 모자라서 미안하다는 뉘앙스를 담아 에둘러서 이의 제기를 할 수도 있다.

이 질문의 효용성을 이해하면 상대의 발언에서 파생된 의문이나 거부감을 담아두지 않고 해소할 수 있다. 거부감을 느끼는 이유를 파악할 수 없는 상태여도 "네?" "(정말로)그래?"라고 짧게 묻는 방법을 기억해 두면 커뮤니케이션을 유익하게 이끌어갈 수 있다. 그러나 너무 빈번하게 사용하면 상대가 성가셔할 수도 있으므로 그럴 때는 마음속으로 되뇌기만 해도 충분하다.

상대의 발언에 전혀 동의할 수 없을 때는 다음과 같이 말해보자.

○ ….[호응하지 않는다.]

 이와 같이 호응하지 않는 대응도 하나의 방법이다. 무언의 이의 제기만큼 상대를 반응하게 하는 방법은 없을 것이다.

2장

협상을 원활하게 진행하는 질문들

01

첫만남의 긴장 풀기
로고가 근사하네요.

 처음에는 말문을 여는 상투적인 질문부터 시작한다

— 이러한 상황이라면
- 비즈니스 자리에서 명함을 주고받은 후 원활하게 대화를 시작하고 싶을 때

— 이렇게 질문해 보자!
- 부서명이 독특하네요. 최근에 신설되었나요?
- 귀사의 로비에는 늘 그림이 걸려 있나요?

질문으로 좋은 인상을 준다

우리는 일상생활에서 협상의 순간을 자주 마주한다. 비즈니스뿐 아니라, 저녁 식사로 중화요리를 먹고 싶은데 일식을 좋아하는 친구를 설득하는 상황도 협상이라고 하면 협상이다.

실은 협상이 필요한 상황의 커뮤니케이션이야말로 질문이 활약할 기회라고 할 수 있다. 이 장에서는 주로 비즈니스 상황을 가정해 사례를 살펴보기로 하자.

우선 업무 상대와 처음 만나는 상황을 떠올려보자. 초면인 사람과 대면하면 누구나 긴장하기 마련이지만 상대도 긴장하기는 마찬가지일 것이다. 이러한 상황에서 상대가 먼저 말을 시작하기를 기다리는 것은 비효율적이다. 예를 들어 명함을 주고받을 때는 다음과 같이 먼저 질문해 보자.

- 이름의 한자가 어떻게 되나요?
- 부서명이 독특하군요. 최근에 신설되었나요?
- 로고가 근사하네요! 사장님이 디자인하셨나요?

명함을 보며 질문하는 것은 일반적인 비즈니스 매너로 처음에는 상투적인 내용이라도 상관없다. **중요한 것은 질문으로 상대의 말문을 여는 것이다.** 질문은 '당신을 알고 싶다'라는 메시지를 전달한다. 가벼운 질문으로 대화를 원활하게 시작할 수 있고 때에 따라서는 자리의 분위기를 지배할 수 있다.

반대로 시작부터 본론으로 들어가는 방식은 주의해야 한다. 명함을 주고받자마자 "저희 회사 자료입니다" "메일로 문의를 드린 건인데, 결론부터 말씀드리면"과 같이 이야기를 시작하면 상대는 말문을 열 기회를 잃게 된다.

이런 방식으로 말하는 사람은 자신이 적극적으로 이야기를 시작하면 대화의 주도권을 가질 수 있다거나 일을 잘하는 사람이라는 인상을 줄 수 있다고 착각할 수 있다. 혹은 단순히 질문을 적절히 활용하는 방법을 모르는 것일 수도 있다.

대화의 도움닫기는 상대에 관한 질문이다

누군가를 처음 만나는 상황에서 커뮤니케이션을 원활히 진행하려면 의기투합을 위한 도움닫기의 시간이 필요하다. 이때 필요한 것이 질문이다.

가령 거래처에서 예상 밖의 인물과 일대일 면담을 하게 된 상황을 떠올려보자. 약속을 잡은 상대는 과장이었는데, 자리에 나타난 사람은 처음 보는 부하 직원일 때가 종종 있다.

이때도 커뮤니케이션의 도움닫기 질문을 하겠다는 마음의 준비가 되어 있다면 눈앞에 있는 상대에게 초점을 맞춘 질문이 입 밖으로 술술 나온다.

(상대) 저희 부서에 문제가 생겨서 A(과장)가 자리에 나오지 못했습니다. 저는 대리로 참석한 A의 부하 직원인 B라고 합니다.

○ 처음 뵙겠습니다. ○○라고 합니다. A과장님도 힘드시겠군요. B씨는 A과장님이 본사로 돌아온 후 계속 함께 일하셨나요?

상대는 '아랫사람이 나와서 불만이겠지'라고 불안을 느낄 수도 있다. 설령 유능한 사람이라도 '실수하면 안 된다'라며 부담을 느낄 가능성이 있다. 이러한 상대의 불안과 부담을 첫 번째 질문이 완화해 줄 것이다. 기억력에 확신이 있다면 "혹시 연초에 열린 ㅇㅇ사 창립 기념 파티에 오시지 않았나요?"와 같은 구체적인 질문으로 서로가 느끼는 긴장감을 풀 수 있을 것이다.

02

관계성을 구축하기
축사가 너무 긴 것 같지 않나요?

 부정적인 면을 공유하는 질문으로 유대감을 조성한다

— 이러한 상황이라면
- 아는 사람이 없는 파티에서 누군가와 명함을 교환하고 싶을 때, 동종업계 타사 모임에서 궁금한 인물과 가까워지고 싶을 때

— 이렇게 질문해 보자!
- 장소가 역에서 멀어서 헤매지 않았나요?
- 파티치고는 너무 소박한데요?

관찰을 발휘한 질문으로 자연스럽게 말을 건다

커뮤니케이션에 자신이 없는 사람은 아는 사람이 없는 파티나 모임에서는 더욱 서투르다. 어떻게 하면 생면부지의 사람에게도 가볍게 말을 걸 수 있는지 도무지 이해되지 않아 활발한 사람을 그저 바라만 보다 꿔다 놓은 보릿자루처럼 시간을 보내는 사람도 적지 않을 것이다.

물론 불특정 다수의 사람이 모이는 장소에서 초면인 사람과의 관계 형성은 사람에 따라서는 간단한 일이 아니다. 그렇다고 해서 누군가가 먼저 말을 걸어주기만을 기다려서는 모처럼 주어진 기회를 놓치게 될 수도 있다. 이때 먼저 행동할 수 있는 비결을 소개하고자 한다.

우선 부담을 내려놓고 눈에 보이는 물건을 대화의 소재로 삼아보자.

○ 스마트 워치 색상이 특이하네요?

정장이나 셔츠, 가방, 구두, 어떤 것이라도 상관없다. 느닷

없는 이야기여도 괜찮다. 질문을 던진 후에 "실은 지금 알아보고 있던 참인데, 멋져 보여서요"라고 부연 설명을 추가하면 질문한 이유가 상대에게 전달된다. "저도 같은 모델을 갖고 있어요" "최근에 인터넷에서 비슷한 느낌의 모델을 찾았거든요"와 같이 다양한 설명을 추가할 수 있다. 이와 같은 방식을 활용하면 자연스럽게 말을 걸 수 있다.

사소한 불만을 공유하면 더 편해진다

다음과 같은 질문은 한층 더 상급 수준의 기술로, 상대와의 거리를 좁히는 역할을 한다.

- 축사가 너무 긴 것 같지 않나요?
- 장소가 역에서 멀어서 헤매지 않았나요?

처음 만나는 사람끼리도 취미나 기호가 비슷하면 그 점이 긍정적으로 작용해 금세 의기투합할 수 있다. 공통 요소가 사람과 사람 사이의 거리를 좁혀주는 역할을 하기 때문인

데, 그 요소는 긍정적 내용뿐 아니라 부정적 내용도 같은 작용을 한다. 위의 두 가지 예와 같이 굳이 부정적인 면을 이야기하며 "그 시간에 게임을 3스테이지나 클리어했다니까요" "저도 길치라서 두 번이나 길을 물었어요"와 같이 상대의 불평이나 푸념을 유발한다.

본래 불평이나 푸념은 동료 사이여야만 안심하고 말할 수 있다. 반대로 말하면 그러한 부정적인 면을 이야기하면 유대감이 강해진다. 초면이라도 질문 형식을 취하면 사소한 불만 공유가 편안한 잡담이 된다. 대화의 장벽이 낮아지며 자연스러운 대화가 이루어질 수 있다.

물론 상대를 잘 살핀 후에 질문을 할지 말지를 판단해야 한다. 상대가 주최 측 관계자일 가능성도 있기 때문이다. 축사를 듣던 중에 하품했다든가 자신과 마찬가지로 파티가 시작되기 직전에 도착한 모습을 봤다면 말을 걸어보는 것도 좋을 것이다.

커뮤니케이션이 능숙한 사람은 화젯거리가 풍부해서 이야기하는 것을 꺼리지 않고 겁도 내지 않는다고 생각하는 사람이 있다. 하지만 꼭 그렇지만은 않다. 상대와 분위기를 유심히 관찰하고 지금 어떤 질문을 던지면 상대가 마음을 열게 될까를 진지하게 생각하는 태도가 차이를 보여주는 것이다. 관찰하는 눈으로 바라보면 질문은 의외로 쉽게 떠오를 수 있다.

03

자존심을 자극하기

베토벤 9번 CD를 300장이나 소장하고
있다고요?

 상대가 잘 아는 분야를 구체적으로 칭찬하고 자랑을 이끌어낸다

— 이러한 상황이라면
- 담당 업무를 인계받은 후 미리 조사한 상대와 첫 대면일 때

— 이렇게 질문해 보자!
- 작년에 다섯 곳이나 새로 계약을 따냈다면서요?
- ○○분야의 새로운 업태는 □□씨가 중심이 되어 개척했다면서요?

협상에 강한 사람이 미리 준비하는 것

상대가 어떤 위치에 있는 사람이든 대화를 원활하게 진행하면서 자신의 요구를 확실히 알리고 결국 상대를 내 편으로 만드는 사람과 종종 만나게 된다.

이전에 클래식 음악 관련 취재에 응했을 때의 일이다. 필자는 클래식 음악 애호가이자 관련 서적을 집필한 적도 있고 세계적인 음악제가 일본에서 개최될 때 홍보대사로 활동한 적도 있다. 그러한 경험 덕분에 언론에서 취재 요청을 자주 받는데, 한 기자가 인사를 하자마자 이런 질문을 했다.

○ 베토벤 9번 CD를 300장이나 소장하고 있으시다고요?

이 질문을 듣자마자 '마침 그 얘기를 하고 싶었어!'라는 생각이 들었고 흔쾌히 아껴둔 이야기보따리를 풀어버렸다. 왜냐하던 필자가 가장 경애하는 음악가가 베토벤이기 때문이다. 무엇보다 철저한 사전 조사 후에 취재에 임하는 기자의 마음가짐이 전해졌다. 하지만 다음과 같이 질문했다면 어땠을까.

△ 베토벤을 좋아하신다고요?

△ 클래식 음악 관련 책을 집필하신다고요?

아마도 이러한 질문에는 "그렇다"라는 답변밖에 하지 못했을 것이다. 앞의 질문이 다른 점은 질문에 '300장'이라는 구체적인 숫자가 포함되어 있다는 점이다. 구체적으로 질문하면 질문받은 사람은 자신의 에피소드를 이야기하기가 수월해진다. 즉, 자랑하기가 편한 환경이 마련되어 결과적으로 상대의 속도에 따라가게 된다.

이 상황을 질문자 입장에서 보면 단 하나의 구체적인 요소를 넣어 질문하면 상대를 수월하게 자신의 무대로 끌어올 수 있을 뿐 아니라 이후의 대화를 자신의 속도로 이끌어갈 수 있다는 것이다.

상대의 업적을 알아두면 질문에 반영할 수 있다

상대가 자랑스럽게 여기는 일, 얼마든지 논할 수 있다며 기회를 기다리는 얘깃거리를 이야기하게 하려면 '마침 그 얘기를 하고 싶었어!'처럼 자랑으로 가득한 물풍선을 터트릴 만한 질문이 필요하다. 그 계기가 되는 질문의 정밀도를 높이는 데 빠뜨릴 수 없는 요소가 상대에 관한 사전 조사다. 현재 담당하는 업무 내용과 업적뿐 아니라 경력, 전직, 가능하면 결혼 여부, 가족 구성, 취미 등 사적인 정보도 알아두면 좋다. 자신과 공통점이 있다면 그 공통점을 활용해 구체적으로 질문할 수도 있다.

상대의 자존심을 자극하고 싶을 때는 직접적으로 "ㅇㅇ부장님께서 귀사의 유망주라고 하시더군요"라고 말해도 되겠지만, 질문을 이용하면 좀 더 효과적이다.

○ 작년에 다섯 곳이나 새로 계약을 따냈다면서요?

'다섯 곳이나'라는 구체적인 요소가 포함된 질문을 하면 상대는 "항상 그렇지는 않다"라며 겸손한 태도를 보일 것이다. 겸손함을 유지하면서도 상대는 결코 언짢은 기색을 보이지 않을 것이다. 상대의 기분을 유쾌하게 만들어 유리한 위치에서 비즈니스 협상으로 이야기를 옮겨가면 된다.

취재, 협의, 회의 등은 상대가 얼마나 정보를 공개할 것인지를 협상하는 자리이기도 하다. 협상에 능숙한 사람은 어떠한 상황에서나 질문으로 상대의 마음을 열어 자신에게 유리한 대인관계를 구축할 수 있는 사람이라고 할 수 있다.

04
상대의 주장을 드러내기
○○에 반대하시나요?

 질문으로 상대와의 대립축이 명확해진다

— 이러한 상황이라면
- 상대의 이야기가 애매해서 요점을 파악할 수 없을 때, 상대의 본심이 보이지 않을 때

— 이렇게 질문해 보자!
- 그럼 이 기획은 보류해야 한다는 건가요?
- ○○을 진행하는 것에 찬성인가요? 반대인가요?

'무엇에 반대하는지' 알아내야 한다

필자는 문장 쓰기나 읽기에 서툰 사람을 가르칠 때, 가장 먼저 알려주는 것이 있다. 예를 들어 신문에 'AI 돌봄 도입'을 주제로 한 사설이 실렸다고 하자. AI 기술이 발달해 돌봄 현장에도 도입되었고 직원들의 부담이 경감되었다는 내용을 감탄하면서 읽기만 해서는 문장의 의미를 충분히 이해할 수 없다. 그 문장에 확실한 주장이 쓰여 있지 않다면 더더욱 그렇다.

문장뿐만 아니라 표현한다는 것은 무언가에 반대하고 무언가를 주장한다는 것이다. 어떤 문장을 읽고 뜻을 확실히 이해할 수 없었다면 그 문장이 무엇에 반대하는지를 파악하지 못한 것이다.

대화도 비슷하다고 생각하면 커뮤니케이션에 도움이 된다. 상대가 말하는 내용이 애매해서 주장을 파악하기 어려울 때는 말로 꺼내지는 않았지만 무언가에 반대하거나 저항하는 마음이 깔려 있을 가능성이 높다.

'사외 미팅에 늘 지각하는 젊은 담당자를 교체해야 할지'

를 의제로 논의하는데, 상대의 답변이 애매해서 뜻을 파악할 수 없다고 하자.

× 그럼 어떻게 하면 좋을까요?

위와 같이 상대에게 동조하는 질문을 하면 "그러니까… 어떻게 할까요?"라는 답변이 돌아와 함께 미궁에 빠진다.

△ 어떤 점이 가장 마음에 걸리나요?

이렇게 답변을 다그쳐도 아직 상대에게는 도망갈 여지가 남아 있다. 논의를 진척시키고 싶다면 다른 방향에서 질문해야 한다.

대립축을 확인한 후 자신의 주장을 이어나간다

다음과 같이 질문해 보자.

○ 담당자 교체에 반대하시나요?

상대는 젊은 담당자에게 교체라는 징계를 내려야 할지 사유서를 쓰게 해서 반성하라고 할지, 아예 다른 선택지는 없을지 흔들리고 있다. 그런데 "담당자 교체에 반대하시나요?"라는 단도직입적인 질문에는 어쨌든 입장을 표명해야 한다. 상대의 답변이 "음, 글쎄…"로 확실하지 않더라도 반대의 입장 표명이 된다.

물론 세상만사를 찬성과 반대로 딱 나눌 수는 없다. 특히 사람에 따라 확실한 의사 표시를 하지 않아 대화가 애매하게 흐르는 경우도 있다. 따라서 상대의 생각을 알아내고 싶을 때는 자신과 상대와의 대립축이 명확해지는 질문을 던져야만 비로소 논의 시작 지점에 설 수 있다.

상대가 "사유서 제출로 충분하다"라고 답변했다고 하자.

자신은 '담당자를 교체해야 한다'라고 생각했다면 상대와의 대립축을 확인한 후 "그럼 ○○사처럼 여러 번 불만을 제기한 업체에는 어떻게 대응해야 할까요?"와 같이 또 다른 반론을 제기한다.

상대가 무엇에 반대하는지를 묻는 질문을 늘 염두에 두견 일대일이든, 다수와의 회의에서든 상대의 주장을 밝혀낼 수 있다.

05

상대가 주장하기 편한 상황을 설정하기

당신 입장에서는 어떤가요?

 설득하고 싶을수록 상대의 의견에 귀를 기울인다

— 이러한 상황이라면
- 상대가 "그렇다"라고밖에 말하지 못하는 상황을 막고 싶을 때

— 이렇게 질문해 보자!
- 당신이라면 ○○에 대해 어떻게 대응할까요?
- 귀사의 상부는 반대 의견이지만, 현장 담당자의 입장에서 의견을 말해줄 수 있을까요?

상대에게 말할 여지를 주기 위한 질문

논의하는 자리에서는 종종 '목소리가 큰 사람'의 의견이 통하는 경우가 있다. 목소리가 크다는 의미에는 시원시원한 말투뿐 아니라 높은 발언 빈도나 분위기를 지배하는 힘이 포함된다. 대부분의 참석자는 마음속으로 '또 독무대를 차지했군' '귀찮으니 떠들게 두자'와 같이 생각하는데, 목소리가 큰 본인만 회의의 분위기를 눈치채지 못한다. 오히려 청산유수처럼 지론을 펼칠 수 있는 자신이 그 자리에 있는 누구보다도 뛰어나다고 생각한다.

비즈니스 회의뿐 아니라 가족이나 친구와의 일상 대화에서도 자신이 아는 분야에 관련된 이야기가 나오면 목소리를 높여 상대를 질리게 만드는 사람이 있다. 그저 뉴스를 보며 이야기할 뿐인데, 정치에 정통한 사람은 전문적인 이야기를 끝도 없이 쏟아낸다. 무언가 대단한 이야기를 하고 있는 것 같지만 듣는 사람의 입장에서는 도무지 따라갈 수가 없다. 그런데도 주위 반응을 눈치채지 못한다.

이러한 방식의 커뮤니케이션은 상대에게 '너도 그렇게 생각하지?' '그렇지?'와 같이 생각을 강요하는 커뮤니케이션이다. 상대는 이야기를 듣는 것만으로 질리고 대화에 낄 여지가 없어 점점 더 스트레스를 받게 된다. 심지어 오기로라도 찬성하지 않겠다는 자세를 취하게 된다.

대화를 이끄는 것과 실속 있는 논의로 협상을 성공시키는 것은 다르다. 설득이 필요한 상황에서 늘 실패로 끝나는 사람은 본인도 모르는 사이에 상대에게 이러한 생각을 가지게 했을 수도 있다. 이때 단 하나의 질문을 알아두면 실패를 미리 방지해 큰 손해를 보지 않는다.

방법은 간단하다. 자신이 말한 후에 반드시 이렇게 질문하자.

○ 당신 입장에서는 어떤가요?

이론이나 반론을 통해 납득시킨다

우리는 누구나 자신이 처한 입장과 환경에서 사안을 바라보고 의견을 가진다. 그러나 자신의 의견이 정론이라고 맹신하게 되면 커뮤니케이션에 차질이 생길 수 있다. 정론으로 밀어붙이려고 설명하면 할수록 상대의 주장까지 빼앗아버리기 때문이다.

상대가 이론이나 반론을 제대로 말할 수 있도록 여지를 남겨두어야 대화를 합의로 이끌 수 있다. 논의의 장도, 합의 형성도 질문 없이는 성립되지 않는다.

"당신의 입장에서는 어떤가요?"라는 질문으로 상대는 사회적 환경이나 직장 내 입지, 전문 분야를 통한 관점 등 자신만이 가진 의견을 말할 수 있게 된다.

○ 저는 이번 세제 개혁에 찬성이지만, 자영업자의 입장에서는 어떤가요?

○ 귀사의 상부는 반대 의견이지만, 현장 담당자의 입장에서 의견을 말해줄 수 있나요?

참고로 이런 질문은 치료 계획을 망설일 때는 "선생님이라면 이 치료 방법을 선택하시겠어요?", 디지털 기기를 잘 아는 사람에게 조언을 청할 때는 "당신이라면 어떤 애플리케이션을 선택하시겠어요?"와 같이 전문가에게 필요한 정보를 알아내고 싶을 때도 사용할 수 있다.

06

본심을 가늠하기

법령을 최우선으로 고려해야 하지 않을까요?

 본심을 읽으려면 '흔들기 질문'이 필요하다

— 이러한 상황이라면
- 상대가 본심을 감출 때, 진심을 말하지 않는다고 느낄 때

— 이렇게 질문해 보자!
- 전례·관례는 꼭 지켜야 할까요?
- 저는 의문이 드는데, 이대로 진행해도 될까요?

먼저 자신의 태도를 명확히 한 후 질문한다

사실 상사가 낸 아이디어에 반대하지만 의견을 말하면 성가신 일이 생길 테니 일단 찬성하자, 프로젝트 방향에 분명한 문제점을 발견했지만 아무도 눈치채지 못한다면 덮어두자, 이러한 상황에서 동료가 다음과 같이 질문했다.

○ 나는 상사가 낸 아이디어에 의문이 드는데, 정말로 괜찮다고 생각해?

무심결에 '실은 나도 그렇게 생각해'라고 본심이 새어 나올 수도 있다. 솔직하게 의견을 나누고 싶지만 상대가 솔직하지 않을 때, 본심을 말하게 하는 것보다 효과적인 방법이 '흔들기 질문'이다.

어떤 사안을 반대하거나 찬성하는 의견에는 농도가 있기 마련이다. 상사가 낸 아이디어에 반대하는 입장이라도 투입할 인원수를 재고해 준다면 반대하는 마음은 30%로 감소할 수도 있다. 혹은 예산을 좀 더 배분해 준다면 50%로 감소할 수도 있고 애초에 100% 납득할 수 없을 수도 있다. 이처럼 본심은 질문을 건지고 흔들면 보이기 시작한다.

예를 들어 현대를 살아가는 비즈니스맨에게 법령 준수는 공통된 인식이지만, 겉으로는 준수해야 한다고 말하면서도 속으로는 '대충 넘어가면 된다'라고 생각하는 경우도 적지 않다. 반드시 지켜야 하는 법령을 이해하고 있어도 이 정도는 넘어갈 수 있다는 안일한 판단으로 기획을 진행시키려는 경우도 있을 것이다.

그럴 때 이의를 제기하고 싶다면 다음과 같이 질문해 보자.

○ 법령을 최우선으로 고려해야 하지 않을까요?

이처럼 자신의 태도를 먼저 명확히 한 후 질문을 던져본다. 그러면 '지켜야 하지만 최우선은 아니다' '아이디어에 따라 다르다' '동종업계 타사를 참고로 최소한만 이해하고 있으면 된다'와 같은 본심을 구체적으로 알아낼 수 있다. 그 답변을 힌트로 삼아 논의를 활성화시킬 수 있을 것이다.

'흔들기 질문'으로 가시화한다

혹은 상대가 중시하는 바가 명확하다고 하자. 전례, 관례, 관습을 중요시하는 주장이 확고한 사람을 흔들고 싶을 때는 다음과 같이 질문해 보자.

- 전통이 중요한 것도 알지만, 그 정도로 바꿀 수 없는 것인가요?
- ○○과에 한해서라면 조율이 가능하지 않을까요?

이처럼 상대의 주장을 수용하는 자세를 보인 후 정도를 묻는 단어를 포함시킨다. 'ㅇㅇ과에 한해서라면?' '어느 부분이라면?' '특별히 기간을 정한 아이디어라면?'과 같이 계속해서 구체적으로 질문을 이어가며 흔들 수 있다.

이 '흔들기 질문'을 성공시키는 비결은 상대의 주장에 이해를 나타내는 문장에 이어 질문을 던지는 것이다. 질문자의 태도가 전달되면 상대는 답변하기가 쉽고, 질문자도 상대의 답변에 표현되는 농도를 어느 정도 가늠할 수 있다.

또한 이 질문은 여러 명보다 일대일에서 활용하면 상대도 본심을 쉽게 드러낼 수 있다.

07

긍정을 말하게 하기
…하게 되면, 이런 일이 일어나지 않을까요?

 수긍하지 않는 상대에게는 으름장을 놓는 작전을 펼친다

— 이러한 상황이라면
- 쉽게 설득되지 않는 상황에서 반감을 사지 않고 동의를 얻고 싶을 때

— 이렇게 질문해 보자!
- B사의 신상품이 잘 팔린다던데, 들으셨나요? 우리는 이대로 있어도 괜찮을까요?

말주변이 없어도 질문부터 시작하면 순조롭다

상대가 제안이나 조건에 동의하지 않는다고 해서 억지로 밀어붙이는 방법은 가장 서투른 협상 태도다.

- × 저는 예전에 기획부에서 상품 A의 에코 패키지를 구현해 매출 상승에 기여했습니다. 그 경험을 바탕으로 이번 신상품도 에코 패키지를 채택해야 한다고 생각하는데, 동의하십니까?

(새로운 부서의 상사) 패키지를 다시 만들면 예산이 문제라서 말이지….

- × 어떻게든 해결해 주세요! 반드시 성공시킬 자신이 있습니다! 진행할까요?

이러한 방법으로 설득을 시도하는 사람들의 의도는 자랑을 하고 싶어서는 아니다. 성공했던 경험을 솔직하게 전달하면 상대의 마음을 움직일 수 있다고 믿는 것이다. 다만 이 방법은 직접적인 요청에 지나지 않아 미숙해 보일 수 있기에 상대가 얕볼 가능성도 있다. 그럼 이렇게 다시 질문해 보자.

○ 이번 신상품 분야에서도 환경을 고려한 제품이 연이어 주목받고 있는데, 에코 패키지로 방향을 돌리지 않는 선택은 퇴보나 다름없지 않나요? 결국 타사에 뒤처지지 않을까요?

자신의 주장을 뒷받침하는 이유를 말한 후 동의하지 않으면 '퇴보' '타사에 뒤처진다'와 같은 '이러이러한 부정적인 일이 일어난다'는 예측을 제시한다. 상대가 취하고 있는 태도가 얼마나 불합리한지를 객관적인 근거를 바탕으로 강조하는 것이다.

상대에게 '긍정'을 이끌어내고 싶을 때는 억지로 밀어붙이기보다 이처럼 으름장을 놓는 방법이 효과적이다.

설득의 근거가 되는 정보를 질문으로 제시한다

이 작전은 어디까지나 상대에게 '손해를 보게 될 것'이라고 호소하는 것이 목적이지 고압적으로 상대를 굴복시키기 위한 것이 아니다. 만일 상대가 바로 태도를 바꾸지 않아도 구체적인 증거를 하나둘씩 쌓아나가면 서서히 효과가 나타난다. 질문자의 주장을 듣는 동안에 상대는 점점 더 두려워지기 때문이다.

- 경쟁사인 B사에서는 이번에 재활용 가능한 에코 패키지를 채택했다는데, 알고 계신가요?
- 지난번 공개 토론회에서 사장님이 '에시컬'이라는 단어를 몰라서 업계에서 화제가 되었죠?
- 지금은 SNS로 소문이 바로 퍼지는데, 괜찮을까요?

주장을 뒷받침하는 근거는 다양한 관점으로 엄선하고 가장 강력한 근거를 마지막에 제시한다. 검도 단체전에 비유하면 선봉, 차봉, 중견, 부장, 대장에 각각의 역할에 맞는 기량을 가진 선수를 배치하고 마지막에 팀의 기둥인 대장을 등장시키는 것이다.

이 방법을 활용한다면 밀어붙이기에 강한 성향이 아니라도 바로 실행할 수 있다. 이야기하기 전에 근거가 준비되어 있다면 이후는 질문이라는 형태를 활용해 나직이 뱉어내기만 하면 된다.

08
자신의 의견에 상대를 끌어들이기

실은 아주 중요한 일인데요, (자신의 의견)
따라서 ○○해야 하지 않을까요?

전제를 제시한 후 질문하면 상대는 전제에 유도된다

— 이러한 상황이라면
- 상대의 의견을 바꿔 내 편으로 끌어오고 싶을 때

— 이렇게 질문해 보자!
- 이것도 중요한 안건인데….
- 확실한 것은…

방어 자세를 취하는 상대의 저항감을 낮춘다

윗사람에게 할 말이 있어도 그대로 전달하는 건 매우 위험하다고 느낄 수 있다. 그러나 윗사람에게 의견을 말하는 것과 같은 리스크가 높은 행동도 질문을 잘 활용하면 리스크를 낮출 수 있다. 오히려 리스크 이상의 리턴도 얻을 수 있다.

젊은 사원들의 이직이 끊이지 않는 상황을 생각해 보자. 입사 3년 차의 퇴직 희망자가 해마다 늘고 있는 가운데 결국 젊은 유망주까지 퇴직했다. 결국 중간관리자가 회사의 관례를 중시하는 상사에게 젊은 사원 유출을 막기 위한 대책이 필요하다고 진언한다고 하자.

○ 실은 아주 중요한 일인데요, 젊은 사원 중 유망주인 ○○ 씨가 스타트업 회사로 전직한 것은 우리 회사가 젊은 맞벌이 세대의 가치관에 부합하지 못하는 것이 요인이라고 할 수 있습니다. 따라서 젊은 사원의 이직을 막을 대책이 필요하지 않을까요?

'젊은 사원들의 이직을 막을 대책을 생각해야 한다'라고만 말하면 '요즘 젊은이들은 이해할 수가 없군'이라며 답변을 피하거나 '근성이 없는 사람은 살아남을 수 없어'와 같은 정신론을 내세워 도망갈 것이 뻔하다.

그런데 본론에 앞서 '실은 아주 중요한 일인데요'와 같이 전제를 깔면 '아주 중요한 일'이라는 말에 듣는 이의 의식이 집중한다. 그 상태에서 주장을 펼치면 듣는 이는 말하는 이의 의견에 차츰차츰 동조하게 되고 공감하게 된다. 결국 '따라서 ○○을 해야 하지 않을까요?'라는 질문에 부정할 수 없게 된다.

전제에 동의하면 질문으로 설득할 수 있다

이 질문으로 리턴을 얻을 수 있을지 없을지는 '○○라고 생각할 수 있다'고 자신의 의견을 말하는 날카로운 분석이 좌우한다. '정신론을 중시하는 조직보다 수평적이고 소통이 원활한 조직을 원한다고 생각한다' '세대 간 간극을 메우는 커뮤니케이션에 시간을 허비해 업무 생산성에 영향을 미치는 점이 큰 이유라고 할 수 있다'와 같은 정곡을 찌르는 내용이라도 앞서 '실은 아주 중요한 일'이라고 전제를 깔아두었기 때문에 수월하게 말할 수 있는 이점도 있다.

분석이 날카로울수록 설득력이 강해질 뿐 아니라 진지하게 문제를 들여다보고 있음을 드러낼 수 있다.

질문 첫머리에 제시하는 전제는 판매 상담에서도 빈번하게 사용된다. 신차로 바꿀지 말지를 고민하는 고객에게 "출고는 언제로 할까요? 이 차종의 이 색상은 인기라서 생산 대수가 많은 편입니다"라고 출고 희망 시기를 묻는 영업사원의 말에는 '구매 후 출고한다'라는 전제가 깔려 있다. 고객은 이와 같은 전제에 무의식중에 이끌려 영업사원의 의도에 동조하게 되는 것이다.

Q

- 실은 아주 단순한 일인데….

- ○○씨에게는 간단한 일이라고 생각됩니다만….

- 나중에 반드시 알게 되겠지만….

이와 같이 전제 문장을 질문과 연결하면 상대를 자신의 의견에 쉽게 끌어을 수 있다.

09

우위에서 대화를 진행하기

어떤 점에 중점을 두고 이야기하면 될까요?

 선택지를 만들어 물어보면 쉽게 답변할 수 있다

— 이러한 상황이라면
- 반드시 답변해야 하는 상황인데 우위에서 대화를 진행하고 싶을 때, 자신을 알리고 싶을 때

— 이렇게 질문해 보자!
- 포괄적으로 이야기할까요? 개별적인 에피소드를 소개할까요?
- 청년층을 대상으로 이야기할까요? 일반인을 대상으로 이야기할까요?

'반문하기'로 대화 시간을 단축한다

대화 중에 질문을 받을 때가 있다. 그러나 상대가 반드시 영리한 질문을 하는 것은 아니다. 애매모호하거나 앞뒤가 맞지 않을 수도 있다.

답변하기 어려운 질문을 받았다면 그 질문을 구체적으로 만드는 '반문하기'를 활용한다. 무엇보다 질문의 의도가 확실하지 않음을 상대가 알아차리지 못하면 이야기가 진전되지 않기 때문이다. 이때 "질문의 의도를 잘 모르겠으니 다시 한번 질문해 주세요"와 같은 답변은 너무 솔직해서 상대의 기분을 상하게 할 수도 있다.

○ 어떤 점에 중점을 두고 이야기하면 될까요?

이와 같은 표현이라면 상대를 불쾌하게 만들지 않고 질문의 의도가 불충분함을 알아차리게 해준다. 예를 들어 전직을 위한 면접에서 경력 사항에 대해 막연한 질문을 받았을 때도 다음과 같이 질문하면 적극적인 자세를 전달할 수 있다.

(면접관) 지원자의 경력을 말씀해 주시겠습니까?

○ 경력 중에서 어느 부분을 말씀드릴까요?

자랑할 만한 경력이 없다면 이 답변을 사용할 수 없지만, 경력을 나열하는 것보다 훨씬 좋은 인상을 줄 수 있을 것이다.

질문으로 사고의 틀을 설정한다

'어떤 점에 중점을 두고 이야기할까'와 같은 질문은 상대에게 선택지를 설정하는 권리를 제시한다. 반대로 상대의 질문에 자신이 선택지를 만들어 '반문하기'를 하면서 상대가 가진 사고의 틀을 설정하는 방법도 있다.

(업무 상대) 귀사의 새 프로젝트에 관해 설명해 주시겠습니까?

○ 새 프로젝트의 동기부터 설명할까요? 아니면 전망부터 설명할까요?

자신이 선택지를 설정하고 질문으로 선점하면 우위에서 대화를 진행할 수 있다. 몇 가지 예를 보자.

- 포괄적으로 이야기할까요? 개별적인 에피소드를 소개할까요?

- 사원 입장에서 답변할까요? 아니면 개인적인 의견을 말씀드릴까요?

- 긍정적인 면과 부정적인 면 중 어느 것부터 말씀드릴까요?

이 '반문하기'는 시간에 제약이 있을 경우에는 시간을 단축하는 데도 도움이 된다.

- 답변을 길게 해도 될까요? 아니면 짧게 할까요?

이런 질문으로 자신의 속도를 조절하면서 답변을 준비할 수도 있다.

10

기분 좋게 답변 받아내기

○, □, △ 중 어느 것이 좋은가요?

 '삼자택일'의 선택지를 준비해 질문을 명확히 한다

— 이러한 상황이라면
- 막연한 질문으로 상대를 곤란하게 만들고 싶지 않을 때

— 이렇게 질문해 보자!
- 일식, 양식, 태국식 중 뭐가 먹고 싶어?
- 숙제, 내일 준비물 챙기기, 심부름 중 어느 것부터 할래?

질문자의 긍정 감정을 높이는 기회

만나고 싶은 상대가 있을 때 "이번 주에 한잔할까?"라고 물어면 거절당하기 쉽다. 질문이 막연해서다. 그런데 "이번 주 목요일이나 금요일에 한잔하러 갈까?"라고 선택지를 제시하면 상대는 '언제로 할지'를 생각하기 때문에 권유를 받아들일 가능성이 커진다. 선택지가 포함된 질문은 부정을 말하기 어려운 상황을 만들어준다.

이처럼 양자택일도 효과적이지만 삼자택일 질문을 더욱 추천한다. 타인과 식사 약속을 잡고 무엇을 먹을지 아직 결정하지 않은 상황을 떠올려보자.

× 어디로 갈까?

○ 일식, 양식, 태국식 중 뭐가 먹고 싶어?

선택지를 제시하는 것은 제시하는 측의 의견을 나타내는 것이며, 다시 말하면 문제 제기이기도 하다. "어디로 갈까?" "어떻게 하고 싶어?"와 같이 막연하게 묻기보다 '나는 이러이러한 선택지를 제안한다'라는 선언이 되므로 대화를 순조롭게 진행할 수 있는 상황을 만들어준다.

선택지가 세 가지가 되면 선택하는 쪽은 두 가지 중에 선택을 강요받기보다 선택의 폭이 넓어져 제안을 더 쉽게 받아들인다. "일식으로 할까"라는 답변에 질문자가 "그래, 나도 일식이 끌렸어"라고 호응하며 선택을 받아들이면 상대는 질문자를 긍정적으로 생각하게 된다. 우리는 자신의 선택에 동의를 받으면 공감대가 형성되고 긍정적인 감정이 생긴다.

다만 선택지가 네 가지, 다섯 가지가 되면 차별화가 어렵고 선택하는 쪽도 고민이 깊어질 수 있다. 따라서 선택지가 세 가지일 때가 생각도 답변도 간편하다. 선택지에는 자신의 의도와 맞지 않거나 선택되었을 때 자신이 손해를 보는 항목은 넣지 않도록 주의해야 한다. 반대로 그 질문을 자신이 타인에게 받았을 때 '다른 선택지는 없을까?'라고 의심하는 관점도 가지는 것이 좋다.

비즈니스에서도 삼자택일 질문은 효과적이다

비즈니스 상황에서도 삼자택일 질문은 도움이 된다. 예를 들어 팀에서 업무를 진행할 때 역할 분담을 정하는 상황을 떠올려 보자.

- 사내 프레젠테이션 준비, 전체 일정 관리, 섭외 중 어느 것을 맡을래?

이처럼 구체적으로 업무 내용을 제시할 수 있다. 이때 상대에게 다소 허들이 높은 업무를 배치해 놓으면 제시받은 쪽의 의욕도 올라간다.

가족과의 일상이나 육아 상황에서도 마찬가지다. 초등학생 아이에게 다음과 같은 선택지를 제시해 보자.

- 숙제, 준비물 챙기기, 심부름 중 어느 것부터 할래?

이 선택지 중에서 어느 것을 선택하든 부모 입장에서는 도움이 되므로 '빨리 하라'라며 다그치기보다 훨씬 효율적이다.

3장

신뢰를 얻는 질문들

01

분위기를 부드럽게 만들기
어제 내린 집중호우로 피해는 없으셨나요?

 상대가 쉽게 답할 수 있는 질문을 던진다

— 이러한 상황이라면
- 오랜만에 만나는 업무 상대와의 회의나 잡담을 시작하며 부드러운 분위기를 만들고 싶을 때

— 이렇게 질문해 보자!
- 헤어스타일 바꿨네?
- 최근에도 여행을 다니시나요?
- (식당 등에서) ○○을 좋아하시나요?

상대에게 초점을 맞춘 간단한 질문은 만능이다

질문이 능숙한 사람은 '유능하다' '보통내기가 아니다'라는 생각이 들게 할 뿐 아니라 '이야기를 나누면 즐겁다' '더 이야기를 나누고 싶다'는 생각까지 들게 한다. 이야기를 나눌수록 원만한 인간관계를 구축하며 호감도가 상승하고 주위의 신뢰도 두터워진다. 이 장에서는 이러한 질문 기술을 습관화하는 비결을 소개하고자 한다.

입학 시험이나 취업 면접에서는 아이스 브레이킹부터 시작하는 경우가 많다. "여기까지 뭘 타고 오셨나요?" "아침 식사는 하셨나요?"와 같이 스트레스가 적은 질문이나 '예'나 '아니요'로 답변할 수 있는 간단한 질문을 던지는 것이 무난하다.

면접관은 상대의 답변을 들으며 어떻게 하면 긴장을 풀어 나갈지를 알고 있어야 한다. 포인트는 하나다. 상대가 자기 자신의 이야기를 쉽게 할 수 있는 질문을 생각해 내는 것이다.

일본에서 유명한 진행자인 타모리는 예능 프로그램에 출연한 게스트에게 건네는 첫마디로 "헤어스타일 바꿨네?"라는 질문을 자주 하는데, 곰곰이 생각해 보면 독특한 질문이라고 할 수 있다. 최근에는 외모에 관한 질문을 매우 민감하게 받아들인다. "살 빠졌어?"라는 말이 좋게만 들리는 사람이 있지 않을뿐더러 외모지상주의로도 받아들일 수 있기 때문이다. 그런데 "헤어스타일 바꿨네?"라는 질문은 사실을 있는 그대로 말할 뿐 아니라 상대가 자신의 이야기를 꺼낼 수 있는 계기를 만들어준다. 상대의 입장에서는 자신의 변화를 알아차리니 흡족한 마음이 들고 자신의 이야기를 할 수 있는 기회를 얻은 기분마저 느낀다.

사소한 질문이 상대의 기분을 누그러뜨린다

면접이나 중요한 회의 자리에서는 "헤어스타일 바꿨네?"라는 질문이 어울리지 않지만, '상대가 이야기하게 하자'라고 생각한다면 좋은 질문을 할 수 있다. 업무상 오랜만에 만나는 사람에게 건네는 첫마디는 일상적이고 사소한 내용으로도 충분하다.

- 어제 내린 집중호우로 피해는 없으셨나요?
- 이번 추석에는 고향에 가시나요?
- 최근에도 여행을 다니시나요?

상대가 자신의 이야기를 쉽게 할 수 있도록 구체적으로 질문하는 습관을 들여 상대에게 초점을 맞춰나가는 것이 중요하다.

예전에 어느 기업의 인사 담당자가 신입 사원들의 긴장감을 순식간에 풀어주는 방법을 알려준 적이 있다. 신입 사원 50~60명을 4인 1조로 나눠 좋아하는 것과 싫어하는 것을 종이에 적게 한 후 서로 보여주는 방법이다. 상대가 적은 내용 중에 자신이 적은 내용과 겹치는 것이 있으면 공감대가 형성되고 뜻밖의 물건이나 내용이 나오면 또 다른 이야기로 발전한다는 것이다. '왜?' '무엇 때문에?' '언제부터?'와 같이 쉽게 질문할 수 있기 때문이다.

구체적인 정보가 들어오면 그 정보는 다음 질문의 재료가 된다. 눈앞에 실물이 있다면 더욱 질문하기 수월하다. 비즈니스 식사 자리라면 다음과 같이 질문할 수 있다.

- 튀김에 레몬즙을 뿌릴까요?
- 위에 올린 파슬리도 드시나요?

이처럼 자신의 취향을 이야기하고 싶어지는 질문으로 부드러운 분위기를 만들 수 있다.

02

불편한 분위기에 어울리기

자주 모이시나요?

 자신의 입장을 전달하는 질문으로 경계를 푼다

— 이러한 상황이라면
- 모임이나 회식 자리에서 말을 걸어도 되는 상대인지를 알 수 없을 때, 불편한 자리에서 대화에 낄 수 없을 때

— 이렇게 질문해 보자!
- 자주 모이시나요?
- 이벤트 관계자이신가요?
- ○○마을의 □□씨가 누구인가요?

낯선 장소에서 받는 스트레스는 질문으로 푼다

낯선 집단에 가야 할 때가 있다. 필자의 경우는 대학 친목회나 지인의 수상 기념회가 그렇다. 안면이 있는 사람도 있지만 그 사람은 내가 모르는 사람과 즐겁게 담소를 나누고 있다. 그 사이에 끼어들어 방해가 되고 싶지는 않기 때문에 쉽사리 말을 걸 수 없다.

참석자 중에는 내가 알아보지 못할 뿐 저명한 인사가 섞여 있을 가능성이 있다. 삼삼오오 모여 이야기를 나누고 있지만, 어느 무리에 끼어들어야 할지 가늠이 되지 않는다. 불편한 분위기를 느낄 수밖에 없는 상황에서 어떻게 하면 그 자리에 어울릴 수 있을지가 고민이다.

이때 첫마디에 담아야 할 포인트는 자신이 외부인이라는 점을 명확히 전달하는 것이다. 그것이 바로 실마리가 된다.

- 여러분은 ○○연구회의 회원이신가요?

외부인이라는 점을 스스로 알고 있다는 요소를 질문에 넣으면 대부분의 경우 상대의 경계심이 누그러진다. 누가 문을 두드리는지 알 수 없을 때는 불안하지만, 문을 드드리는 사람의 모습이 보이면 경계심이 풀린다. 모르는 사람이지만 동료로 받아들일 마음이 생길지도 모른다.

이러한 상황에도 유연하게 녹아드는 사람은 생긋생긋 웃으며 쾌활한 분위기를 자아내 어떤 자리에나 어울릴 수 있는 천성을 타고난 사람이거나 질문을 무기로 경계를 풀 수 있는 사람 중 하나일 것이다. 전자는 축복받을 만한 재능이지만 수동적이라는 결점이 있다. 반면 후자는 누구나 연습해서 실천할 수 있다.

- 여러분은 정기적으로 모이시나요?
- 이벤트를 주최하는 관계자신가요?

이처럼 구체적인 질문이 중요하다.

슬며시 대화에 낄 수 있는 소박한 질문

불편한 분위기로 치자면 배우자의 집에 방문했을 때를 빼놓을 수 없다. 친척 중에 누가 취직을 했다든가 어릴 적 친구인 누가 이혼을 했다든가 배우자와 그 가족에게는 흥미로운 이야기일 테지만, 본인만 모르는 이야기가 계속되면 살짝 스트레스가 쌓인다.

배우자는 평소와 다름없이 잡담을 나눌 뿐이라 이야기에 끼지 못하고 지루해하는 사람이 있음을 눈치채지 못한다. 이와 같은 상황에서 스트레스를 줄이고 싶다면 불편한 상태에 안주하지 말고 '외부인이지만 알고 싶다'는 태도로 질문해 보자.

- ○○마을의 친척이 누구예요?
- 어릴 적 친구라면 어떤 사람인가요?
- 자주 가는 쇼핑몰이 어디인가요?

불편한 자리에서 서툴게 자신을 드러내는 행동은 오히려 분위기를 망칠 우려가 있다. 대신 소박하고 무난한 질문을 이어나간다면 결코 부정적인 방향으로 분위기가 흐르지는 않을 것이다.

03
다시 만난 상대와 더 가까워지기
○○을 좋아했었죠? 괜찮은 곳을 찾았어요

 지난번 대화를 기억하고 있음을 구체적인 질문으로 드러낸다

— 이러한 상황이라면
- 비즈니스나 사적인 만남에서 상대의 호감을 얻고 싶을 때

— 이렇게 질문해 보자!
- 자제분 입시가 얼마 남지 않았죠?
- 도쿄 마라톤에 참가하셨나요?

거리감을 질문으로 좁히는 방법

사람과 사람이 만나서 시간을 공유할 때마다 서로에 관한 정보가 축적된다. 오랜만에 업무 상대와 만날 때도 그 인물에 대한 지식이 있어야 커뮤니케이션이 원활하게 이어진다.

예를 들어 "자제분이 많이 컸겠군요?" '입시가 얼마 남지 않았죠?"와 같이 질문했을 때, 상대가 그 질문과 관련된 이야기를 하고 싶다면 "벌써 세 살이에요" "공부하고는 담을 쌓아서 걱정입니다"와 같은 답변이 돌아온다. 상대는 자랑을 섞거나 약간의 푸념을 늘어놓으며 유쾌하게 대화에 진입하게 될 것이다. 앞에서도 설명했듯 상대에 관한 정보가 원활한 재회 커뮤니케이션을 이끄는 열쇠가 된다.

다시 만난 상대와 더 가까워져서 신뢰를 얻고 싶을 때는 지난번에 만났을 때 나눈 이야기를 토대로 질문하면 효과적이다. 요컨대 예전에 이야기꽃을 피웠던 화제를 떠올려서 질문하면 되는데, 그중에서도 상대가 발언한 화제나 상대가 중심이 되었던 내용을 질문하는 것이 핵심이다.

Q

- 5월에 미국으로 시찰하러 간다고 하셨는데, 어떠셨나요?

- 도쿄 마라톤에 세 번째로 참가하셨나요?

구체적으로 질문할수록 호감도가 오른다

자신이 무심코 했던 이야기를 상대가 기억하고 있다면 누구나 고마운 마음이 든다. 상대에 대한 신뢰감도 커진다. 시간이나 횟수, 지명이나 고유명사 등 가능한 한 구체적인 정보를 포함하면 상대가 더 쉽게 이야기할 수 있는 상황을 만들 수 있다. 이에 더해 지난번 대화에서 상대가 이야기한 내용에 관한 추가 정보를 제시하면 더욱 효과적이다.

Q

- ○○을 좋아하셨죠? 좋은 곳을 찾았어요

- ○○에 대해 공부하고 싶다고 말씀하셨죠? 얼마 전에 그 분야의 전문가와 알게 되었는데, 다음에 소개해 드릴까요?

다시 만났을 때 이러한 제안을 하려면 상대가 했던 이야기를 기억하고 있어야 할 뿐 아니라 필요한 정보를 포착할 수 있는 안테나를 세우고 있어야 한다. 물론 의도적으로 정보를 찾으려는 노력이 필요할 수도 있다.

이야기가 잘 풀리면 일상에서 마주하는 평범한 기회를 자신을 각인시키는 기회로 바꿀 수 있다. 만약 지난번 만남에서 실수를 했다거나 좋은 인상을 남기지 못했다고 해도 이런 질문을 시도해 볼 가치가 있다.

기억이란 애매모호하기 마련이다. 자신만 실수했다고 생각할 뿐 상대는 까맣게 잊고 있을 가능성도 있다. 따라서 "그때는 폐를 끼쳐서…"라는 말로 좋지 않은 기억을 일부러 끄집어내는 짓은 손해다. 그보다는 구체적인 질문을 자연스럽게 던지면 그 순간부터 상대와의 유쾌한 커뮤니케이션이 시작된다. 질문 여하에 따라 상대에게 자신의 존재를 좋은 기억으로 남길 수 있는 것이다.

04
상대에 관한 정보가 없는 상황에 대처하기

○○씨의 첫째 자제분과 저희 집 장남이 동갑이죠?

확실한 정보를 비교 대상에 놓고 답변을 이끌어낸다

― 이러한 상황이라면
- 타인의 얼굴이나 이름, 특징을 잘 기억하지 못해 새삼스럽게 상대에게 묻기 어려울 때

― 이렇게 질문해 보자!
- ○○씨는 □□씨와 입사 동기인가요?
- 이름은 어떤 한자를 쓰더라?

복습으로 다음 커뮤니케이션에 대비한다

　부끄러운 이야기이지만 필자는 사람의 얼굴이나 이름을 잘 외우지 못한다. 얼굴과 이름이 일치하지 않으니 일로 한 번 만난 사람이 말을 걸어도 그 사람과 어떤 이야기를 나눴는지 기억날 리가 없다.

　"이전에 ○○ 모임에서 만났죠"라는 말을 해본 적이 없어서인지 10여 년 전에 만났던 일을 기억하고 심지어 그때 나눈 이야기를 다시 말하는 사람을 만나면 솔직히 놀라곤 한다. 하지만 필자와 비슷한 고민을 안고 있는 분도 적지 않을 것이다.

　가장 곤란한 경우는 친척의 얼굴이나 이름을 외우지 못할 때다. 특히 사촌의 자녀들 이야기를 할 때는 더욱 불안해진다. 지금도 고향에 종종 들르는데, 사촌 자녀들의 얼굴, 이름, 학년, 직업 등의 정보가 머릿속에서 가물가물하다. 이미 여러 번 물어보았기 때문에 사촌들도 지긋지긋할 것이다. 만날 때마다 평판을 떨어뜨리는 꼴이다. 사촌들은 "○○는 벌써 유치원에 다니지?"라며 내 손주 소식을 물을 정도로 확실히 기억하고 있다. 당연하다면 당연할 수 있지만, 필자는 기억에 자신이 없어서 그런 질문은 하지 못한다.

어림짐작으로 묻고 답변을 메모해 둔다

정확하게 특징을 기억하지 못하는 지인에게 특정한 질문을 하고 싶은데, 그 정보를 가지고 있지 않다면 어떻게 질문해야 할까. 예를 들어 필자가 사촌에게 자녀들에 대한 정보를 알아내고 싶다면 다음과 같이 질문할 수 있다.

○ 우리 집 장남과 너희 집 첫째가 동갑이지?

확실한 정보를 비교 대상에 놓고 상대에게 답변을 얻는다. 다소 넘겨짚을 위험은 있지만 '아무것도 기억하지 못하네'라고 실망하게 만드는 최악의 사태는 피할 수 있다. 다만 이 질문으로 아이의 이름까지는 알아낼 수 없다.

쇼와 시대의 정치인인 다나카 가쿠에이는 상대의 이름을

잊어버렸을 때 "이름이 뭔가?"라고 질문한 다음 상대가 "사토입니다"라고 대답하면 "성 말고, 이름이 뭐냐고!"라고 되물었다고 한다. 비즈니스에서는 응용할 수 있는 질문이지만, 성씨가 같은 친척에게는 사용하기 곤란하다.

여기서 각오를 하고 다시 한번 물어본다. 이때 "이름이 뭐였지?"라고 묻는 대신 "이름은 어떤 한자를 쓰더라?"라고 우회적으로 물어보는 것도 방법이다. 들어도 금방 잊어버려서 문제지만, 스마트폰의 메모 기능을 활용해 정보를 남겨두었다가 관혼상제나 고향에 가기 전에 확인하면 상황을 개선할 수 있다.

앞서 질문으로 적절한 정보를 이끌어내려면 준비라는 '예습'이 필요하다고 설명했는데, '복습'도 필수다. 복습으로 학습을 정착시키면 다음번에는 원활한 커뮤니케이션을 기대할 수 있다.

거래처 인사 이동으로 타 부서로 이동한 사람의 이름이 기억나지 않을 때나 인사를 받았지만 '누구였지?'라고 기억이 나지 않는 상황일 때는 나중에 찾아보는 습관을 들여두

자. 업무 이야기를 나눌 겸 이동 부서의 지인을 찾아 물어보거나 정보통에게 넌지시 물어보아 확실한 정보를 알아둔다. 어떻게든 스스로 알아낸 경험이 있으면 기억에 잘 남는 법이다. 이번에는 제대로 대응할 수 없었지만, 다음번에 적확한 질문으로 만회한다면 아직 신뢰를 얻을 기회는 충분히 남아 있다.

05

거리 좁히기

말씀하신 대로 '긍정적'인 자세가 중요하겠죠?

상대가 선호하는 키워드를 질문에 포함시킨다

— 이러한 상황이라면
- 상대의 생각을 좀 더 알고 싶을 때, 껄끄러운 상대와 원활한 커뮤니케이션을 하고 싶을 때

— 이렇게 질문해 보자!
- 맞아, 지금은 젠더 균형이 가장 중요한 요건이지? 어떤 업계가 중시하고 있더라?

키워드 질문으로 합의를 형성한다

대화 중에 우연히 나온 화제가 계기가 되어 이야기꽃을 피울 때가 있다. 세컨드잡을 신중하게 검토하고 있는 사람이 세컨드잡을 막 시작한 사람과 만나면 대화에 몰두하게 된다. 솔로 캠프에 관심이 있는 사람이 솔로 캠프 경력 5년 차인 사람을 만나면 조언을 기대하기 마련이다.

평범한 커뮤니케이션 중에 평소 화자가 갖고 있던 생각이나 취미, 기호가 드러난다. 화자가 사용하는 말은 그 사람이 가진 사고의 표현이고, 그 사람의 취향이 배어 나온다.

상대가 선호하고 자주 사용하는 키워드는 무엇인지에 주목하는 것만으로도 상대와의 거리를 좁히는 힌트를 찾을 수 있다. 예를 들어 '긍정적'이라는 단어를 자주 사용하는 사람이 있다고 하자.

(상대) 이번에는 실패했지만 이럴 때일수록 긍정적으로 생각하고 싶어

○ 네 말대로 긍정적인 자세가 중요하겠지? 다음에는 잘 해낼 수 있겠어?

　예시의 '긍정적'처럼 상대의 말에 포함된 키워드를 그대로 따라 하는 형태로 인용해 질문으로 되묻는다. 상대는 키워드의 인용으로 서로에게 합의가 형성되었다고 느끼고 마음을 열게 된다.

대화의 미러링 효과를 질문으로 응용한다

　사람은 호감을 느끼는 상대의 행동을 무의식적으로 모방하는 특성이 있다고 한다. 예를 들어 팔짱 끼기, 고개 끄덕이기 등 동조하는 사람끼리는 행동이 비슷해진다. 심리학에서는 이러한 현상을 미러링이라고 부른다. 껄끄러운 상대와의 거리를 좁히고 싶을 때는 이 심리를 활용해 상대의 행동을

따라 하면 긍정적인 효과를 기대할 수 있다.

상대의 행동 대신 말에 포함된 키워드를 질문에 포함시키면 이른바 커뮤니케이션상의 미러링 효과를 기대할 수 있다.

(상대) 젠더 균형에 무관심한 업계에서는 일하고 싶지 않아.

○ 맞아, 지금은 젠더 균형이 가장 중요한 요건이지? 어떤 업계가 중시하고 있더라?

자신이 젠더 균형이라는 말을 평소에 사용하지 않는다면 어색할 수도 있다. 그런 말일수록 그냥 넘어가지 않고 포착하는 데 의미가 있다. 상이한 가치관을 느끼게 하는 말일수록 커뮤니케이션을 심화시키는 계기가 되기 때문이다.

상대가 자주 사용하는 키워드는 지금 가장 큰 관심사일 수 있다. 상대의 생각이나 이야기하고 싶은 내용이 응축되어 있는 것이다. 그 말에 공감한다면 상대와의 신뢰 관계를 수월하게 구축할 수 있다.

즉, 키워드 질문은 상대를 더욱 잘 알고 싶을 때 도움이 된다. 키워드를 적절히 활용해 대화를 진행하면 자신의 의견에 동의했다고 느낀 상대의 표현 욕구를 자극할 수 있고, 질문을 거듭할수록 상대가 점점 더 자신을 표출하게 된다. 결국 이야기의 흐름까지 제어할 수 있다.

커뮤니케이션 도중에 이야기가 엇갈리거나 상대가 관심을 보이지 않는 화제로 흘러갈 때도 키워드를 다시 등장시키면 궤도를 수정할 수 있다.

06
상대의 발언을 좀 더 이끌어내기

오타니 선수가 배트 길이를 바꿔 성과를 낸 것처럼,
이번 일도 자신의 선택을 믿고 끈기 있게 버티겠다는 거죠?

상대가 좋아하는 분야의 예를 아날로지로 사용한다

— 이러한 상황이라면
- 상대의 주장이나 생각에 공감하고 더욱 이야기를 이끌어내고 싶을 때

— 이렇게 질문해 보자!
- 후지이 소타가 "일희일비한들 아무런 의미가 없다"라고 말했듯 일도 평상심을 가지고 임해야 한다는 거죠?

상대의 영역에서 공감을 전하는 질문의 '각도'

상대에게 좀 더 이야기를 이끌어내고 싶은데 말수가 점점 줄어든다. 이럴 때는 질문의 각도가 중요하다. 자신의 이야기를 적극적으로 하기보다 타인의 이야기를 듣는 편이 좋은 사람도 있겠지만, 질문 여하에 따라 상대의 반응이 달라질 수도 있다.

상대의 발언을 촉진하려면 상대가 선호하는 영역에서 대화를 전개하는 방법이 가장 효과적이다. 예를 들어 야구를 좋아하는 사람과 업무에 대해 이야기하다가 좀 더 깊은 이야기를 하고 싶다면 다양한 각도에서 야구와 관련지어 키워드를 찾아본다.

'조직은 역시 사람이 중요하다'라는 이야기가 나왔다면 "오타니 선수 같은 부하 직원이 있었으면 좋겠다"와 같이 구체적으로 이름을 언급한다. 오타니 쇼헤이는 일본에서 국민적인 관심을 받고 있는 야구 선수다. 야구를 좋아하든 싫어하든 모두가 훌륭한 선수라고 생각하고 있으므로 쉽게 공감대를 형성할 수 있다.

그럼 어떻게 질문으로 엮어나갈 수 있을까. 상대가 '자신의 선택을 믿고 성과가 나올 때까지 버티겠다'라는 취지의 이야기를 했다면 다음과 같이 말해보자.

○ 오타니 선수가 배트 길이를 1인치 늘려서 완전히 감각을 찾을 때까지 3개월을 버틴 것처럼 말이죠?

오타니 선수가 배트 길이를 바꿔 홈런 비거리를 한층 더 향상시켰다는 일화가 있다. 처음에는 홈런 페이스가 좋아지고 변화구도 쳐낼 수 있었지만, 빠른 스트레이트를 잡을 수 없었고 높은 스트레이트에 대한 타격 실수도 많았다고 한다. 그러나 오타니 선수는 포기하지 않고 새로운 배트로 연습을 거듭하며 결국 기록을 갈아치웠다.

이처럼 상대가 좋아하는 분야의 스타나 저명인사가 남긴 명언, 일화를 아날로지로 사용해 "지금 하신 말씀은 이런 뜻이죠?"라고 되묻는다.

업무 이야기를 할 때도 비즈니스와 연관된 사례가 아니라 상대가 좋아하는 분야의 사례로 비유를 드는 것이다. 그러면 상대는 자신의 말을 잘 이해하고 있다는 생각에 전폭적인 신뢰를 줄 것이다.

명언과 엮은 질문으로 활기를 더한다

상대가 업무로 고민하거나 난관에 봉착했다고 느낄 때는 앞의 질문을 다음과 같이 활용할 수도 있다.

○ 오타니 선수가 배트 길이를 1인치 늘려서 완전히 감각을 찾을 때까지 3개월을 버틴 것처럼, 우리도 끈기 있게 시도해 볼까요?

마찬가지로 오타니 선수의 활약을 아날로지로 활용해 사기를 높이는 연료로 사용하는 것이다. 스포츠나 승부를 내는 일은 그런 부분에서 활용하기 쉬운 소재다.

일본의 명감독이었던 노무라 카츠야는 "불가사의한 승리는 있어도 불가사의한 패배는 없다"라는 말을 자주 했다. 질

때는 질만 한 이유가 있기 때문에 진다는 의미로 많은 사람이 기억하고 있을 것이다. 최연소 기록을 연이어 갈아치운 장기 기사 후지이 소타는 "장기를 두는 동안은 이길 때가 있으면 질 때도 있으니, 일희일비한들 아무런 의미가 없다"라고 말한 바 있다. 물론 스티브 잡스나 아인슈타인이 남긴 명언도 활용할 수 있다. 일류가 된 인물의 명언을 마음속에 담아두었다가 상대의 생각이나 주장에 공감하는 질문을 던져 상대의 의표를 찌를 수 있다면 대화에 한층 더 탄력이 더해질 것이다.

07
각을 세우지 않고 의견을 주장하기
'○○씨다운' 의견이군요. 그럼 □□은 어떻게 생각하나요?

 '○○다운'을 쿠션어로 사용해 긍정의 분위기로 질문한다

— 이러한 상황이라면
- 상대와 양호한 관계를 유지하면서 자신의 의견을 전달하고 싶을 때

— 이렇게 질문해 보자!
- 젊은이다운 솔직한 의견이군요. 그렇다면…?
- 이 상황에 걸맞은 의견이군요. 그럼…?

쿠션어로 상대를 인정한 후 질문한다

상대의 의견이나 주장을 전면적으로 긍정하면서도 자신의 의견을 분명히 말해야 할 때는 어떤 커뮤니케이션이 도움이 될까.

특수한 상황일 수도 있으나 불만 사항을 처리하는 전화를 예로 들어보자. 불만에 대응하는 목적은 문제가 더 이상 커지지 않도록 불을 끄는 것이다. 대부분의 경우 불만을 제기하는 쪽은 감정적이다. 반대로 대응하는 쪽은 상대가 속 시원하게 이야기하도록 하면서도 불만 사항을 귀담아들으며 냉정하게 문제의 원인을 파악해야 한다. 따라서 불만 제기에 대응할 때는 적절한 질문이 꼭 필요하다.

그러나 질문 내용이나 타이밍의 적절함을 고려하기에 앞서 "귀중한 의견을 주셔서 감사합니다"라고 우선 상대를 인정하고 마음을 헤아리는 태도를 보여주는 것이 중요하다. 이 완충 장치가 없으면 상대의 감정은 더욱 격해져 아무 말도 들으려 하지 않을 것이다.

불만에 대응하는 쪽은 두려움이나 논란을 만들고 싶지 않은 마음도 있겠지만, 결국 전면적으로 수용하는 태도가 원활한 처리의 지름길임을 명심해야 한다.

불만 제기에 대응할 때 '귀중한 의견을 주셔서 감사합니다'에 해당하는 긍정의 쿠션어는 문제나 의견 대립의 기미가 있을 때뿐 아니라 일상 대화에서도 원활한 커뮤니케이션의 계기를 만들어줄 것이다.

예를 들어 상대의 의견에 공감하고 좀 더 이야기를 계속하고 싶을 때 다음과 같이 질문해 보자.

○ ○○씨다운 의견이군요. 그밖에 느낀 점이 있나요?

이처럼 '다운'이라는 단어를 사용하면 상대를 긍정하는 마음을 전달할 수 있다. 이를 쿠션어로 배치하면 상대를 인정하면서도 상대에게 좀 더 이야기를 듣고 싶을 때나 자신의 주장을 말하고 싶을 때 질문의 형태를 취해 유연하게 질문할 수 있다.

'다운' 뒤에는 완곡한 질문이나 제안을 한다

다만 '다운'을 사용하는 경우 비꼬는 듯한 인상을 주어서는 안 된다.

- 젊은이다운 솔직한 의견이군요. 그렇다면 ○○의 경우는 어떻게 생각하나요?

이후에 이어지는 질문은 너무 날카롭지 않도록 주의해야 한다. '다운' 외에도 '걸맞은'과 같은 표현도 긍정의 마음을 전달할 수 있다.

- 이 상황에 걸맞은 의견이군요. 결국은…?
- 이 타이밍에 걸맞은 지적이군요. 그렇다면…?

이와 같이 다양한 상황에서 응용할 수 있다. 그러나 '걸맞은'의 경우는 상대를 인정한다는 점은 확실하지만, 평가를 내린다고 받아들일 수 있으므로 어떤 점이 '걸맞은' 점이라고 느껴졌는지를 전달해 오해를 일으키지 않도록 한다. "특히 ○○라는 점에서 그렇게 생각했다"라고 한마디를 덧붙이는 것도 좋다.

질문은 단도직입적으로 물어보면서 정보를 이끌어내거나 상대를 흔들어 본심을 드러내도록 하는 무기가 될 수도 있지만, 대화의 흐름 안에서 신뢰를 얻어 보다 바람직한 착지점에 도달하기 위한 길잡이가 될 수도 있다. 질문의 앞뒤를 어떻게 배치하느냐에 따라 자연스럽게, 슬며시, 상대를 유쾌한 단변가로 만드는 방법도 있음을 기억해 두기 바란다.

QUESTIONS

4장

위기를 기회로 바꾸는 질문들

01
교착 상태에서 벗어나기

관점을 살짝 바꿔 질문해도 될까요?

 대화의 평행선을 벗어나려면 전환 질문을 활용한다

— 이러한 상황이라면
- 협의가 진전되지 않거나 침묵이 길어졌을 때, 어색한 공기가 흐를 때

— 이렇게 질문해 보자!
- 그런데 영업 담당자의 생각은 어떨까요?
- 그건 그렇고 자녀분은 잘 지내나요?

거시적 관점을 유도하는 질문

일상 속 다양한 상황에서 의견이 엇갈려 논의가 진전되지 않아 축지점을 찾지 못할 때가 종종 있다. 자칫하면 위기로 느낄 수 있는 상황도 질문을 효율적으로 활용하면 기회로 바꿀 수 있다.

예를 들어 장난감 회사의 제작부 사원이 영업부 담당자와 가격 설정을 두고 협의를 벌이고 있다고 하자. 제작부는 캐릭터 피규어 1개의 가격을 80,000원으로 설정하고 싶은데, 영업부는 60,000원대를 원한다. 60,000원대로 설정하면 원자재 질이 매우 떨어지는 탓에 제작부에서는 이 조건을 받아들이기가 어렵다. 그러나 영업부는 가격 경쟁이 극심한 만큼 합리적인 가격을 우선시하고자 한다.

양쪽이 팽팽하게 맞서 대화가 고착 상태에 빠졌을 때 다음과 같이 질문해 보자.

- 그런데… 따드님이 몇 살이죠?

가능하면 협의 내용과 동떨어진 포인트로 화제를 전환한다. 상대가 당황할지도 모르지만, 바로 그 점이 바라는 바다. 이어서 다음과 같이 질문해 보자.

○ 모름지기 장난감은 아이들이 안전하게 가지고 놀 수 있어야 하잖아요. 가격을 낮추면 원자재 질이 떨어져서 위험한 성분이 혼입될 가능성이 있습니다. 안전성이 담보되지 않은 장난감은 ○○씨 아드님에게도 해롭지 않을까요?

앞서 '○○란 본디 □□여야 하는데, 지금 이대로 괜찮은가?'라고 상대의 주장이 이상적인 상태에서 벗어나 있음을 깨닫게 하는 사고의 '삼단계 전개'를 설명한 바 있다. 일단 협의 내용에서 한발 물러나 감정에 호소한 후 논리적으로 이야기해 나가면 설득의 효과를 얻을 수 있다.

물론 가족을 예시로 드는 질문은 친하지 않은 사이에서는 적용하기 어렵다. 상대의 프로필을 어느 정도 알고 있는 관계라면 이 전환 질문으로 상대도 직면한 과제에서 한발 물러나 즉시적 관점에서 재검토할 수 있을 것이다.

문제와 동떨어진 질문으로 전환한다

수사물을 보다 보면 위압적이고 강직한 형사가 갑자기 나긋나긋한 음성으로 "어머니는 건강하신가?"라고 묻는 장면이 있다. 가능한 한 동떨어진 포인트를 찾는 것이 교착 상태를 벗어나는 데 도움이 되는 것이다.

○ 관점을 살짝 바꿔 질문해도 될까요?

이처럼 운을 떼면 좀 더 전환이 명확해진다.

전환 질문은 배우자와 어떻게 기념일을 보낼지를 둘러싸고 분위기가 냉랭해졌을 때도 효과적이다. "왜 아무 말도 하지 않는 거야?"라고 말하면 상대를 비난하는 모양새가 되니 평행선 상태가 계속될 때는 다음처럼 질문해 보자.

Q

○ 그러고 보니 작년 생일에는 프렌치 레스토랑에 갔었네. 올해는 어디로 갈까?

 이처럼 긍정적인 화제로 전환하면 냉랭한 분위기를 완화하고 쉽게 논의로 옮겨갈 수 있다.

02
정체된 대화를 가속시키기
만일 ○○에 살고 있다면 이럴 때 어떻게 할 거 같아?

 구체적인 상황을 제시해 게임을 하듯 의견을 이끌어낸다

— 이러한 상황이라면
- 회의나 브레인스토밍에서 발언하지 못하는 사람에게 의견을 내게 하고 싶을 때

— 이렇게 질문하 보자!
- 자네가 입사 1년 차라면 이 기획에 동의하겠나?

머릿속 생각을 이끌어내는 질문

기획 회의나 팀 내 브레인스토밍에서 적극적으로 발언하지 못하는 사람들이 있다. 아이디어나 의견이 있어도 좀처럼 입을 열 계기가 없기 때문이다. 어쩌면 그 사람은 자신의 머릿속에 있는 생각을 표현하는 방법을 몰라서 자신이 없을 수도 있다. 팀 리더가 이런 유형의 사람들이 발언하도록 다음과 같이 질문을 던지는 경우가 있다.

○ ○○씨, 지금 이 안건에 대해 의견 있습니까?
(답변) 앞서 ○○씨가 말씀하신 의견과 같습니다

○ 담당자 중 한 사람인 ○○씨의 의견도 있을 텐데요?
(답변) 그렇긴 한데….

이렇게 머뭇거리는 사이 누군가의 도움으로 대화가 흘러간다. 그러면 ○○씨의 의견은 듣지도 못한 채 ○○씨는 제대로 생각할 기회마저 놓치게 된다. 회의 분위기도 왠지 모르게 정체된다.

이러한 상황에서도 타개책은 있다. 필자는 수험생을 대상으로 논술을 지도하거나 초등학생에게 문장 작법을 가르칠 때 자신의 생각을 표현하는 데 서툰 아이나 길이가 긴 문장을 쓰지 못하는 아이에게는 "너라면 어떻게 할 거야?"라고 물어보며 글을 쓰는 자신을 '어떤 입장'으로 가정해 생각해 보라고 한다.

격차 사회를 주제로 하는 논술이라면 "만일 네가 취직을 못해서 통장은 늘 비어 있고 결혼도 생각할 수 없는 상황이라면 어떤 심정일까?"라는 질문을 던져 구체적으로 상상하고 생각하게 한다.

초등학생에게 작문을 지도할 때는 "길에서 마법 상자를 주웠어. 상자 안에 무엇이 들어 있어?"와 같이 상황을 설정해 질문하고, 그 가공의 세계에서 자유롭게 생각하게 한다. 아이들은 "과자가 들어 있어요"라거나 "은빛 새의 깃털이 하나 들어 있어요"와 같이 상상을 펼치며 자기 경험이나 감정을 표현하며 시야를 넓혀나간다.

'가정의 질문'으로 활기를 불어넣는다

"네 의견은?" "어떻게 생각해?"라고 질문을 받으면 말문이 막히지만 입장이나 상황을 가정해 질문하면 상대가 쉽게 답변할 수 있다. 요컨대 롤플레잉 게임을 상상하면 된다. 비즈니스 회의나 브레인스토밍에서 다음과 같이 질문해 보자.

- 만일 자네가 입사 1년 차라면 이 기획에 동의하겠나?
- 자네가 미국에 살고 있다면 이럴 때 어떻게 할 거 같나?

이렇게 질문하면 현재의 내가 아닌 '가상'의 내가 되어 답변할 수 있으므로 상대는 자신의 생각을 쉽게 말할 수 있다. '시시한 의견이라고 생각하면 어쩌지'와 같은 불안이 조금은 해소될 것이다.

머릿속에서 좋은 생각이 떠오르지 않을 때도 '가령'으로 한정하면 그 상황에서 자유로운 발상이 가능하다. 결과적으로도 좋은 답변을 이끌어낼 가능성이 커진다.

  그전까지 발언하지 못하고 있던 사람이 말수가 늘거나 회의에 적극적인 자세를 보인다면 가정의 질문을 통해 흐름에 올라탔다고 할 수 있다. 다시 말해 자신의 생각을 정리하거나 발언하기 위한 시동이 걸린 상태가 되어 활발한 커뮤니케이션을 기대할 수 있게 된 것이다.

03

대화의 불완전 연소를 해소하기

한 가지 확인하고 싶은데, 지금 말씀하신 건 ○○이죠?

 '한 가지'로 한정한 질문을 계기로 생각을 심화시킨다

— 이러한 상황이라면
- 되도록 대립을 피하고 싶을 때, 차분하게 상대의 생각이나 정보를 이끌어내고 싶을 때

— 이렇게 질문해 보자!
- 한 가지 알려주시겠어요?
- 한 가지 제안해 주시겠어요?

'한 가지만'으로 시작하는 질문의 이점

자신이 처한 입장이나 상황 때문에 반대 의견을 말하기 힘든 때라도 의사 표명의 비결을 알고 있다면 말하지 못한다고 후회할 일은 없다.

일본의 인기 드라마 〈파트너〉는 미즈타니 유타카가 연기한 스기시타 우쿄가 비범한 추리력으로 까다로운 사건을 해결해 나가는, 경시청 특명계의 활약을 그린 수사물이다. 초창기보다 재미는 덜하지만, 2000년부터 최근까지 꾸준히 방영 중인 장수 드라마다.

범인으로 의심되는 상대를 찾아간 스기시타 우쿄는 자리에서 일어나기 전에 손가락 하나를 치켜세우며 "아참, 한 가지만 더 물어봐도 될까요?"라고 묻곤 한다.

범인 입장에서는 '드디어 가는군' '간신히 들키지 않았어'라고 방심한 사이 '하나만…'을 시작으로 끈질기게 질문이 이어져 도망갈 길을 잃고 마는 것이다.

예를 들어 눈앞에 있는 상대의 발언에 의문이 들었다고 하자. 처음에는 목표 수량 100만 개를 '이번 분기 내'에 달성하자고 말했는데, 대화가 진행되는 동안 '연내'로 바뀌었다. 상대의 발언이 불확실하고 의아하게 느껴졌다면 누구든 그 상황에 동의하기는 어려울 것이다.

이때는 상대의 의견을 마지막까지 들은 후 이렇게 질문해보자.

○ 한 가지 확인하고 싶은데, 지금 말씀하신 건 이번 분기 내 목표죠?

'한 가지'로 한정하면 상대에게 경계 자세를 취할 틈을 주지 않고 질문을 듣게 할 수 있다. '말이 나온 김에 묻는 것뿐'이라는 분위기를 자아내며 의문을 해소하는 질문을 던지는 것이다.

'말이 나온 김에 한 가지 더'로 질문을 이어나간다

차분히 이야기를 들었지만 상대에게 전혀 동의할 수 없을 때 "한 가지 더 확인하고 싶은데…"라고 질문한 후 다음과 같이 질문한다.

- 한 가지만 더 알려주시겠어요?
- 말이 나온 김에 한 가지 더 여쭤봐도 될까요?
- 마지막으로 한 가지만 더….

이렇게 스기시타 우쿄처럼 질문을 이어나간다. 물론 이야기가 다 끝날 때까지 기다릴 필요는 없다. 이야기 도중에 "한 가지 확인하고 싶은데, 괜찮을까요?" "한 가지만 더 알려주시겠어요?"와 같이 끼어드는 방법도 있다.

자신의 주장을 무리하게 관철하기 위해 상대를 부정하고 맞서면 마찰이 발생할 수 있다. 이런 강경한 태도를 보이지 못하는 사람은 중요한 협의에서 늘 불완전 연소인 상태로 남기 마련이다.

이때 사용할 수 있는 방법이 바로 질문이다. 질문은 대화 상대와의 입장 차이를 없애주는 중요한 역할을 한다. 적절한 표현과 타이밍을 알아두면 불리한 상황을 한 번에 역전시킬 수 있다.

04
불합리한 요구에 넘어가지 않기

그 작업을 하려면 ○○선배의 협조가 필요한데,
논의가 된 건가요?

무리한 지시나 불합리한 요구에는 상대의 빈틈을 파고든다

— 이러한 상황이라면
- 상대의 지시나 요구를 거절하고 싶을 때

— 이렇게 질문해 보자!
- 영업부에 신세를 지게 되는데, 괜찮을까요?
- 그럼 ○○은 포기해야 하는데, 상관없어?

질문은 불합리한 요구를 물리칠 때도 도움이 된다

불합리한 요구에 순순히 따르고 나서 후회가 밀려온 적이 있을 것이다. 상대의 기세에 말려들어 아무 말도 하지 못한 자신에게 화가 난 경험은 누구에게나 있기 마련이다.

퇴근 시간이 다 되어가는데, 상사가 무리한 업무를 시켰다고 하자. 상사의 지시는 따라야 하지만, 그 업무는 당장 해야 하는 일인지 그저 상사가 기분 내키는 대로 시킨 일인지 알 수 없다. 나의 대응에 따라 상사의 태도가 달라질 수 있는 위기에도 질문이 중요하다.

우선 상사가 무리하게 시키는 업무가 어떤 내용인지 확실히 알아야 한다. 그다음 내가 파고들 수 있는 빈틈을 찾는다.

- 그 작업은 늘 ○○선배의 지도로 해왔기 때문에 선배의 협조가 필요한데, 논의가 된 건가요?

- 이번 달에 더 잔업을 하면 잔업 상한 규제를 넘게 되는데, 인사부에서 확인이 들어오지 않을까요?

먼저 상대의 빈틈을 파고들어 '어떤가요?' '괜찮을까요?'와 같이 질문하는 것이 비결이다. 상대가 깊은 생각 없이 즉흥적으로 불합리한 태도를 보인 경우에는 발언에서 빈틈을 찾아 다그치기만 해도 흔들리기 시작할 것이다.

'할 수 있다'거나 '할 수 없다'라고 답변하기 전에 이렇게 질문하면 활로를 찾을 가능성이 커진다. 상대가 태도를 바꾸지 않더라도 "제가 해야 하는 일인가요?" "오늘 해야 하나요?" "ㅇㅇ부장님은 알고 계신가요?"와 같이 잇따른 질문으로 상대를 혼란스럽게 만들어 정보를 수집하고 협상의 시간을 번다 결국에는 지시 내용이 줄어들거나 바뀔 수도 있고 흐지부지될 수도 있다.

상대가 꺼리는 결과를 질문으로 암시한다

상사의 지시나 명령뿐 아니라 자신이 강하게 나가야 하는 상황이라면 으름장을 놓는 방법도 있다. 예를 들어 상대의 불합리한 요구에 따르려면 상대의 천적 혹은 우리에게 천적인 사람의 협조가 꼭 필요하다고 강조한다.

Q

- 그 조건을 반영하려면 ○○씨의 힘을 빌리는 방법 말고는 없는데, 상관없나요?

- 영업부에 신세를 지게 되는데, 괜찮을까요?

사적인 관계에서 불미스러운 일이 생길 것 같을 때는 다음과 같이 질문해 보자.

Q

- 그럼 ○○씨와 의논해야 하는데, 이 일이 알려져도 문제없겠어?

- 그렇게 되면 ○○은 포기해야 하는데, 상관없어?

이와 같이 상대의 약점을 이용하며 대항하는 자세를 취한다. 불합리한 요구에 맞서기 위해 읍소하는 방법도 있다. 그러나 질문이라는 무기가 위기에 빠진 커뮤니케이션을 구해준다는 점을 기억해 두면 막다른 궁지에 몰려도 반격을 가할 수 있다.

05

원활하게 요구를 관철시키기

이번 달 중에 다음 협의를 요청드리고 싶은데,
일정이 어떻게 되시나요?

 말하기 힘든 요청은 '의견+질문 어미'로 완화한다

── 이러한 상황이라면
- 어떻게든 요구를 관철해야 하는데, 다소 무리가 있어 보일 때

── 이렇게 질문해 보자!
- …라고 생각하는데, 가능하신가요?
- …라고 생각하는데, 알려주실 수 있을까요?

형식적인 표현을 업그레이드시킨다

상품 납기를 맞출 수 없는 위기에 처했을 때 "3일만 기다려주세요"라고 거래처에 메일을 보낸다면 상대는 무례하다고 생각할 것이다. 약속을 지키지 못해서 미안하다는 마음이 담겨 있지 않다는 이유로 상대는 "반드시 납품해 달라"라고 어깃장을 놓을지도 모른다. 무엇보다 신뢰를 잃게 될 것이다.

그런데 "3일만 시간을 주실 수 있나요?"라고 정중한 표현으로 질문하면 단 한마디 말로 신뢰를 잃지 않을 뿐 아니라 너그러운 마음으로 기회를 주고 싶은 생각이 들게 할 수도 있다. 평소에는 이러한 비즈니스 말투를 사용해 담담히 업무를 처리한다.

학창 시절에는 들어본 적도 사용한 적도 없는 완곡 표현이나 빈말, 겸손의 말투 등을 일하면서 익히고 무의식중에 구사하면 업무를 원활하게 진행할 수 있다.

상대에게 말하기 힘든 요청을 해야 하는 경우에는 비즈니스 말투를 업그레이드시킨 질문으로 위기를 헤쳐나갈 수 있다. 매우 바쁜 상대에게 협의를 의뢰하는 상황을 떠올려보자.

- △ 염치없는 부탁이지만, 다시 협의할 수 있을까요?
- ○ 이번 달 중에 다음 협의를 요청드리고 싶은데, 일정이 어떻게 되시나요?

'염치없는 부탁'이라며 자세를 낮추는 대신 자신의 생각을 제시하고 구체적인 질문을 덧붙인다. 먼저 의견을 말한 후 질문하는 '의견-질문 어미'의 형식을 활용하면 요구를 강요하지 않고 요청을 전달할 수 있다.

이번에는 기획의 방향성을 변경해야 하는 상황이다.

- ○ 급하게 변경해서 죄송하지만, 이용자 대상 연령을 재검토하도록 허락해 주시겠습니까?
- ○ 그럼 이 기획은 20대를 대상으로 노선을 변경하고 싶은데 문제없을까요?

이처럼 의견을 말한 후 질문을 던진다. 무리한 요청은 말하기 어렵기 때문에 '염치없는 부탁이지만…' '죄송하지만…'과 같은 형식적인 표현에 상황을 떠넘기기 쉽다. 이때

허술한 마무리로 실망스러운 결과를 초래하지 않으려면 '의견+질문 어미'의 형식을 활용해 요구를 원활하게 관철시킬 수 있음을 기억해 두자.

애매한 약속을 확인할 때도 사용할 수 있다

'의견+질문 어미'의 형식을 재구성하면 약속이 기억이 나지 않거나 새삼스럽게 물어볼 수 없는 상황에 빠졌을 때도 사용할 수 있다. 예를 들어 담당한 업무와 관련된 강연, 세미나에 참석해 달라는 권유를 받았지만 초대가 결정되었는지 헷갈리는 경우에는 다음과 같이 질문해 보자.

○ ○○에 참석하기로 했는데(기대하고 있는데), 상세 일정을 확인할 수 있을까요?

이와 같이 질문하면 상대는 오히려 '자신이 착각했나'라고 생각할 수도 있다.

06
상대의 갑작스러운 불쾌함에 대처하기

혹시 마음에 걸리는 점이 있으신가요?

 분위기가 무거워진 이유를 확인하고 처음 상태로 되돌린다

— 이러한 상황이라면
- 상대가 불쾌하다는 표정을 짓거나 갑자기 침묵했을 때, 윗사람의 대응에 반대할 수 없을 때

— 이렇게 질문해 보자!
- 무리하게 이야기를 너무 진행했나요?
- 불쾌한 말씀을 드렸나요?

불쾌한 이유를 '알려달라'고 한다

커뮤니케이션에서 맞닥뜨리는 다양한 위기 중에 최악의 경우는 상대가 화를 내는 상황이다. 특히 자신의 실언으로 상대가 화가 났을때는 도망이라도 가고 싶은 심정이다.

이때는 곧바로 사과하는 것이 최고의 방법이다. "단어 선택이 잘못됐습니다. ㅇㅇ라고 말했어야 했습니다" "귀사의 사장님 경력을 잘못 기억해 실례되는 말씀을 드렸습니다"와 같이 솔직하게 머리를 숙인다. 그럼에도 상대의 기분이 풀리지 않는다면 다시 사과해야 하는데, 대개는 그 자리에서 수습이 된다.

그런데 조금 전까지 활발하게 이야기하던 사람이 갑자기 말을 하지 않거나 눈을 마주치지 않는다면 어떻게 해야 할까. 무엇 때문에 기분이 언짢은지 고민해 보지만 짐작이 가지 않는다.

이처럼 분위기가 무거워질 때는 '갑자기 기분이 달라진 것 같은데, 이유를 모르겠으니 알려달라'라는 자세로 질문해 본다.

○ 혹시 마음에 걸리는 점이 있으신가요?

질문을 받았으니 상대는 답변을 해야 한다.

'이 상품의 주요 구매층은 30대 아저씨'라고 설명한 바람에 30대인 상대가 기분이 상했다면 불쾌해진 이유를 말하기가 겸연쩍을 수도 있다. 화가 났다기보다는 '20대가 볼 때 나도 아저씨로 보이는구나'라는 생각에 낙담한 것뿐일 수도 있다.

그렇다면 "실은 다른 생각을 하고 있었다"라고 얼버무리는 답변이 돌아올 가능성이 있다. 혹은 전화로 긴급한 소식을 알리는 연락이 와서 정신이 딴 데 가 있는지도 모른다. 갑자기 복통이 일어났을 수도 있다.

답변하는 동안 상대도 냉정을 찾을 수 있다

이유가 어찌 됐든 질문을 받은 상대는 불쾌한 이유를 말하고 싶다면 말할 것이고, 말할 정도가 아니라면 얼버무리거나 변명을 둘러댈 것이다.

정말 화가 났더라도 질문을 받으면 냉정을 찾을 수 있다. 갑작스러운 불쾌함의 이유가 무엇이든 상대가 답변이나 반응을 보이면 대응책을 마련해 나갈 수 있다.

- ○ 뭔가 하실 말씀이 있는 것 같은데, 어떠신가요?
- ○ 불쾌한 말씀을 드렸나요?
- ○ 무리하게 이야기를 진행했나요?
- ○ 제가 무슨 실수를 했나요?
- ○ 부적절한 표현을 사용해서 기분이 상하셨나요?

다양한 질문 예시를 기억해 두면 무거워진 분위기를 되돌릴 수 있을 뿐 아니라 임기응변으로 위기를 넘길 수도 있다.

07

상대의 장황한 이야기를 제어하기

2시간짜리 드라마로 치면 지금 20분 정도 지난 건가?

 농담을 가장한 패턴과 비즈니스 패턴을 외워두면 편리하다

— 이러한 상황이라면
- 상대의 이야기가 장황해서 요점을 알 수 없을 때

— 이렇게 질문해 보자!
- 이해력이 부족해 죄송하지만, 지금 말씀은 ○○을 설명하는 것이 맞나요?

장황한 이야기는 질문으로 멈추게 한다

상대의 이야기가 너무 길어질 때가 있다. 무슨 일이든 정성껏 묘사하며 세세히 이야기하는 성향의 사람이 있는데, 이야기 자체에는 함축이 들어 있고 얻을 만한 점도 있다. 그러나 도무지 이야기의 끝이 보이지 않는다. 끝나는 시간을 예측할 수 없는 상황은 위기라고 할 수 있다.

상대는 자신이 또박또박 이야기하는데, 무리하게 이야기를 가로막으면 '자신의 이야기가 충분히 전달되지 않는다'라고 착각해 더 세세히 이야기하는 사태를 초래할 수 있다.

이때 필자는 상대방이 클래식 음악 애호가라면 다음과 같이 질문할 것이다.

○ 소나타 형식으로 말하자면 지금 어느 부쯤 되나요?

소나타는 도입부, 제시부, 전개부, 재현부, 종결부로 구성된 악곡 형식인데, 가령 상대가 "지금은 도입부"라고 답변하면 "그럼 아직 듣었네?"라고 유머러스하게 지적할 수도 있다. 이러한 농담조의 질문이 불편한 자신의 상태를 호전시킨다.

이야기가 장황해 요점을 파악할 수 없을 때 사용할 수 있는 질문의 예를 들어보자.

- 2시간짜리 드라마로 치면 지금 20분 정도 지난 건가?
- 잠깐만, 무슨 얘기를 하고 있었더라?

다만 이러한 예시는 친한 사이라면 활용 가능하지만, 업무 상대에게는 적용하기 어렵다. 비즈니스 상황에서는 다음과 같은 질문을 활용해 볼 수 있다.

- 결론은 어떻게 되나요?
- 이해력이 부족해 죄송하지만, 지금 말씀은 ○○을 설명하는 것이 맞나요?

'이야기의 맥락을 잡을 수 없으니 먼저 결론을 말해주면 정리할 수 있을 것 같다'라는 뉘앙스를 담아 어디까지나 자신이 미숙해서 요청한다는 인상을 주는 것이 중요하다.

질문으로 상대의 속도를 제어할 수 있다

이야기를 장황하게 하는 사람은 자신이 상대를 배려하지 않고 두서없이 이야기하고 있다는 사실을 눈치채지 못하는 경우가 많다. 악의가 없는 사람일수록 상대가 자신의 이야기를 즐겁게 듣고 있다고 오해한다. 따라서 호응하지 않거나 딴청을 피우면 상대는 기세가 꺾여 자신이 어떻게 이야기하고 있었는지 깨닫게 된다.

이야기 도중에 "그래?"라고 묻거나 이의를 제기하면서 자신이 불만과 스트레스를 느끼고 있음을 전달할 수 있다. 또 다급하고 빠른 말투로 잇따라 질문을 던지면 이야기 속도가 흐트러지고 답변하기도 번거로워져 차츰차츰 어세가 누그러진다.

상대의 이야기를 경청하는 자세는 인간으로서 지녀야 할

중요한 요소다. 그러나 너무 호의적인 표정은 커뮤니케이션에서 손해를 볼 수도 있다. 일상 대화에서 쌓이는 약간의 스트레스도 질문으로 해소할 수 있음을 기억해 두자.

08

끝을 모르는 자랑을 멈추게 하기

귀중한 이야기는 다음 기회에 들려주시고,
오늘의 의제를 정리할까요?

 대화를 이끄는 사회자가 되어 화제를 전환한다

— 이러한 상황이라면
- 자랑이나 설교가 끝나지 않아 중요한 이야기로 넘어갈 수 없을 때

— 이렇게 질문해 보자!
- 시간이 얼마 남지 않았으니 다음 주제로 넘어갈까요?
- 더 듣고 싶지만, 다음으로 넘어갈까요?
- 커피가 아직 남았나요?

자랑이나 설교를 멈추지 않는 상대가 버거울 때

긴 이야기의 대부분은 자랑인 경우가 많다. 필자의 경험을 되돌아볼 때 가장 난처한 상황은 윗사람의 길고 긴 자랑이다. 단순히 시간이 길어져서 힘든 것이 아니다. 긴 자랑은 간혹 설교로 바뀌어 더욱 곤란해진다.

예전에 한 회사에서 상사가 부하 직원에게 2, 3시간이나 설교를 했다고 한다. 거기서 멈추지 않고 부하 직원을 집으로 데려가 설교를 계속하다 잠을 재웠고, 다음 날 아침 일어나 다시 설교를 이어갔다고 한다.

갑질이라는 단어가 아직 사회에 침투하지 않은 시절의 일화지만, 이는 분명 직장 내 괴롭힘이다. 그러나 현실적으로 생각하면 어떻게 그리 긴 시간 동안 계속해서 설교할 수 있었을까. 아마도 그 설교는 도중에 자랑으로 바뀌었으리라 짐작된다.

즉, 자랑과 설교는 한 묶음이다. 어느 쪽에서 시작되었든 양쪽을 왔다 갔다 하며 화자는 상대에게 자신의 이야기를 들려주며 만족감을 얻는 것이다.

여기서 다시 질문이란 무엇인가를 상기시켜 보자. 앞서 설명한 대로 질문자의 역할은 대화의 사회자다. 즉, 상대가 자랑쟁이나 설교쟁이라서 자신이 불리한 상황에 놓여 있더라도 질문 여하에 따라서 대화의 흐름을 바꿀 수 있다.

질문으로 분위기를 바꾸는 비결

우선 자랑이 길어지는 상황을 떠올려보자. 다수가 참석하는 회의에서 끝없이 자랑을 늘어놓는 사람이 있다면 질문으로 '시간'을 의식하도록 유도한다.

○ 귀중한 이야기는 다음 기회에 들려주시고, 시간이 얼마 남지 않았으니 오늘의 의제를 정리할까요?

이처럼 상대를 부정하지 않고 치켜세운 후 상황을 전환한다. 일대일인 경우에는 다음과 같이 분위기를 바꾼다.

- 많이 배웠습니다. ⋯ 여기서 잠깐 쉴까요?

- 많은 얘기를 들려주셔서 고맙습니다. 커피 더 드릴까요?

언제 끝날지 모르는 온라인 회의에서는 "잠깐 화장실에 다녀오겠습니다" "죄송한데, 전화를 받고 오겠습니다"라고 '나의 사정'을 꺼내며 전환하는 것도 방법이다.

다음은 설교가 길어지는 경우다. 이때는 잠자코 듣고만 있지 말고 자신은 충분히 반성하고 있으니, 후학을 위해 가르침을 달라는 자세로 질문을 하는 것이 핵심이다.

상대가 자신의 경험을 이야기한다면 이야기를 멈추게 하는 대신 오히려 "그때 어떤 증거를 제시했나요?" "그 거래처의 지배구조는 언제부터 무너졌나요?"와 같이 연거푸 질문을 던지면 된다.

처음에는 기분 좋게 답변하던 상대도 기세가 흐트러져 점점 더 달하기가 성가시고 대화를 끝내고 싶은 방향으로 마음이 움직일 것이다. 엄하게 꾸중을 듣는 상황에서는 타이밍을 고려할 필요가 있지만, 질문을 잘 활용하면 설교를 짧게 줄일 수 있다.

상대에게 '저 사람에게 설교하면 성가시게 질문을 퍼부으니 안 하는 게 낫다'라는 생각이 들게 했다면 더 이상 바랄 나위 없다.

09
하기 싫은 이야기를 중단시키기

예능 방송에서 화제가 된 그 셰프의 식당에 가본 적 있어?

 관심 없는 화제는 상대의 말에서 키워드를 찾아 화제를 돌린다

— 이러한 상황이라면
- 타인의 험담, 가십 등 알고 싶지 않은 화제를 끝없이 들어야 하는 상황에서 벗어나고 싶을 때

— 이렇게 질문해 보자!
- 불륜 얘기가 나왔으니 말인데, 저번에 말한 추리소설 있잖아, 불륜이 동기였지?

상대를 부정하지 않고 질문으로 기세를 꺾는다

잡담이 서툰 사람에게 수다스러운 상대는 대하기 편한 존재다. 잠자코 있어도 상대가 이야기를 하니까 자신이 화제를 꺼내지 않아도 된다. 호응만 잘하면 침묵의 시간을 걱정할 필요도 없다.

그런데 상대의 이야기에 전혀 관심이 없으면 잡담이라도 괴로울 때가 있다. 관심은커녕 타인의 험담이나 가십처럼 듣고 싶지 않은 이야기를 끝없이 들어야 한다면 누구든 기운이 빠질 것이다.

잠자코 듣고 있으면 누군가의 험담에 동의한 것으로 간주될 수 있다. 연예인의 스캔들에 수긍한다면 자신도 그런 이야기를 즐긴다고 동료들에게 소문이 날 수도 있다. 따라서 불명예스러운 일이 일어나지 않도록 대책을 강구해 두는 것이 중요하다.

예를 들어, 대화 상대가 연예인의 불륜 스캔들을 화제로 삼아 그날 아침에 방송에서 알게 된 정보를 상세히 들려주려고 할 때, 필자라면 다음과 같이 멈추게 할 것이다.

- 불륜 얘기가 나왔으니 말인데, 지난번에 말한 추리소설 있잖아, 불륜이 동기였지?

(상대) 무슨 소설이었더라?

(답변) 이번에 영화화된다는 추리소설 말이야. 지난번에 얘기했었잖아.

(상대) 아, 그랬었지.

- 제목을 까먹었네. 제목이 뭐지?

불륜이라는 키워드를 활용하면 언뜻 엉뚱한 질문이라도 지금 하는 이야기와 관련이 있음을 나타낼 수 있다. 그런 다음 조금씩 상대가 이야기하는 기세를 꺾어나간다. 즉, 상대의 이야기를 자신의 영역으로 끌어올 수 있는 키워드를 찾는 것이다.

키워드를 포함한 질문을 던져 다른 화제로 유도한다

상대가 "불륜 상대는 프렌치 레스토랑의 셰프인데…"라고 수다를 떨기 시작했다고 하자.

Q

- 그 레스토랑에 가본 적 있어? 유명하다며?
- 도쿄에서 프렌치 레스토랑은 어디가 잘하지?
- 셰프가 그렇게 인기가 많나?

이렇게 키워드를 포함해 질문하면 상대에게 이야기가 전개되는 듯한 착각을 불러일으키는 효과도 있다. 상대의 이야기를 부정하지 않고 방향을 돌리면서 관심 없는 이야기를 끊어낼 수 있다.

다만 일단 끊긴 화제가 다시 돌아올 가능성도 있으므로 알고 싶지 않은 화제는 만약을 위해 가능한 한 멀리 보낸다.

Q

- 요즘은 어떤 직업이 인기지? 역시 유튜버인가?
- 가끔은 멋진 저녁 식사를 하는 것도 인생의 즐거움이라고 생각하지 않아?

여기서 가장 바람직한 방향은 상대가 새로운 키워드에 관심을 보이는 것이다.

5장

사람을 움직이는 질문들

01

팀의 사기를 높이기

기발한 아이디어군. 언제쯤 구현할 수 있지?

 칭찬할 부분을 찾은 후 행동을 촉진하는 질문을 던진다

— 이러한 상황이라면
- 부하 직원이나 후배의 업무 처리에 부족함이나 불만이 있지만 좀 더 자신감을 주고 싶을 때

— 이렇게 질문해 보자!
- 업무 처리가 늘 신중하군. 방향을 잃었을 때는 어떻게 하나?
- 흠잡을 데 없는 기획서군. 시간이 얼마나 걸렸나?

정서적 공감을 표시한 후 질문한다

팀의 사기를 높이려고 했던 말이 반대로 의욕을 떨어뜨리는 결과를 초래하는 사람이 있다. 자신은 마음을 터놓고 원활한 커뮤니케이션을 했다고 만족하지만, 상대에게는 전혀 와닿지 않았음을 알아차리지 못한다. 나무라지 않았다. 설교를 한 것도 아니다. 그런데도 부하 직원이나 후배를 위한다는 생각으로 했던 커뮤니케이션이 역효과를 일으킨다면 너무나 안타까운 일이다. 사람을 움직이고 싶을 때는 어떤 질문으로 커뮤니케이션을 시도하면 원만한 관계를 형성할 수 있을지를 모색하는 것이 이 장의 주제다.

예를 들어 업무 진행 상황이 탐탁지 않은 부하 직원이나 후배가 있다고 가정해 보자. 그들의 마음속에는 무능한 사람으로 평가받고 있을 것이라는 불안감으로 가득하다. 이때 상사에게 다음과 같은 말을 들었다고 하자.

× 아이디어는 나쁘지 않은데, 업무 순서를 다시 확인하도록 해. 이 안건에 언제까지 매달려 있을 거야?

이 말을 들은 상대는 점점 더 기가 죽고 실의에 빠진다. 누구나 모든 일을 혼자서 결정하고 끝까지 해내야 한다면 불안할 것이다. 옆에서 응원해 주고 함께하며 지켜봐주는 사람의 존재가 무엇보다 소중한 활력소가 된다. 비단 업무에만 해당하는 것은 아니다. 인생에서 갈피를 잡지 못하는 일이 생겨 "이대로 좋을까…?"라고 혼잣말이 새어 나왔을 때, 가족들이 "지금도 잘하고 있잖아?"라고 말해주기만 해도 '어떻게든 되겠지'라는 위안을 얻는다. 아무런 근거가 없는 말이라도 앞으로 나아갈 마음의 버팀목이 된다.

사람을 움직이는 것은 논리적인 설명이나 설득이 아니라 정서적인 공감이다. 업무도 마찬가지다. 논리적인 설명만이 상대에게 도움이 되는 것은 아니다. 불안감에 휩싸여 앞으로 나아가지 못할 때는 자신도 알고 있는 사항을 지적받거나 업무 순서를 다시 알려줘도 동기 부여가 되지 않는다.

'아군'으로 접근하는 질문으로 코칭한다

정서적 공감을 표현할 때 필요한 커뮤니케이션은 먼저 상대의 언동을 칭찬한 후 행동을 촉진하는 질문을 던지는 것이다. 이때 '물론~하지만~'을 응용한 질문이 효과적이다.

- 물론 그 아이디어는 아무도 생각하지 못한 기발한 관점이야. 그런데 언제쯤 구현할 수 있지?

부하 직원이나 후배의 업무에 불만이나 부족함을 느끼더라도 먼저 장점을 찾아 칭찬한다. '물론'에 해당하는 부분에서 상대에게 공감을 표시하고 '하지만'이나 '그런데'로 되받아 행동을 촉진하는 질문을 던진다.

질문에 정서적 공감이 포함되어 있으면 상대는 질문자를 '내 편'으로 느낀다. 안도감이 용기를 불어넣어 불안을 느끼면서도 한 발짝 나아갈 수 있다.

앞서 살펴본 × 질문의 예시는 이와는 정반대다. 지적하고 심지어 질책까지 한다. 이와 같은 질문은 상대에게 질문자를 '적'으로 보이게 만든다. 상대는 위축되고 팀의 사기는 떨어진다.

상대에게 '적'으로 보일지 '아군'으로 보일지는 사소한 질문의 차이로 판가름 난다. 무엇보다 아군이 되어 질문하겠다는 마음가짐만으로도 코칭력은 향상될 것이다.

02
흉금을 터놓게 하기

다른 사람과는 눈빛이 다르군. 평소 어떤 공부를 하고 있나?

주관을 바탕으로 인정 욕구를 만족시키는 질문을 던진다

— 이러한 상황이라면
- 동기 부여를 자극하고 싶은 사람이 있는데, 접근법을 알 수 없을 때

— 이렇게 질문해 보자!
- 어휘가 풍부하군, 평소에 어떤 책을 읽나?
- 감각이 뛰어나네요. 어디서 익혔나요?

칭찬에 근거는 필요 없다

질문 방법에 따라 상대가 활기차게 이야기할지 아닐지가 결정된다. 이 항목에서는 상대가 무심코 흉금을 터놓게 되는 비법을 소개하고자 한다.

칭찬은 좋은 기억으로 남는다. 필자도 20대 때 나이가 많은 어르신에게 들었던 말이 지금도 또렷이 기억난다.

- 다른 사람과는 눈빛이 다르군. 평소 어떤 공부를 하고 있나?

다른 말로 표현하면 그분은 내게 '장래가 기대된다'라고 말해준 것이다. 혈기 왕성한 20대에 들은 말이다. 기쁘지 않을 수 없었다. 다만 당시 필자의 눈빛이 누가 봐도 그러했는지는 알 수 없다. '다른 사람과는 눈빛이 다르다'라는 말은 어디까지나 주관적인 말이다. 그래서 이러한 질문은 더욱 파괴력이 있다. '저 사람만은 인정해 준다' '알아봐준다' '좀 더 인정받고 싶다'라는 마음이 들게 한다.

질문자 입장에서는 단 한마디로 아군이라는 인상을 심어줄 수 있다. 이러한 칭찬은 객관적인 데이터가 존재하지 않는 완전히 주관적인 생각이기 때문에 누구나 재구성해서 사용할 수 있다.

- 다른 사람과는 열의부터 다르군. 평소에 무엇을 중시하며 일하는가?
- 다른 사람과는 듣는 자세부터 다르군. 혹시 앞으로 창업할 생각이 있나?

주관적인 부분은 '감각이 뛰어나다' '장래가 촉망된다'와 같이 가능한 한 구체적으로 제시하는 것이 비결이다. 이후 상대가 기분 좋게 이야기할 수 있는 내용에 대해 질문을 이어나간다.

인정 욕구를 만족시키는 질문의 비결

부하 직원이나 후배의 동기 부여를 위해 의식적으로 공감하는 커뮤니케이션을 시도했지만 결과가 좋지 않다면 이유는 크게 두 가지다. 첫째는 상대의 장단점과 취미, 기호를 모르기 때문이다. 다시 말해 관찰하지 않았으므로 칭찬할 힌트가 없다.

또 하나는 자신들은 윗사람에게 격려를 받아본 적이 없으니 아랫사람을 칭찬할 수도 없다는 비뚤어진 근성이다. 그러나 그 비뚤어진 근성 또한 타인에게 인정받고 싶은 인정 욕구가 있기 때문에 생기는 감정이다.

누구나 인정 욕구를 채우고 싶어 한다. 욕구가 채워지면 자신감이 생기고 적극적으로 행동할 수 있음을 알고 있기 때문이다. 그러나 가까운 사람의 인정 욕구를 채워주려고 진지하게 고민하는 사람은 드물다.

질문을 커뮤니케이션의 무기로 활용할 수 있는 사람은 주위 사람들의 대화나 행동을 세심하게 관찰하고 상대가 기분 좋아지는 이야기부터 대화를 시작해 상대의 기분을 북돋아 준다. 그래야만 상대에게 공감하는 질문이 가능해지므로 상대는 무심코 흉금을 터놓게 된다. 세대 간의 간극을 고민하지 않고, 주위의 신뢰도 두터운 사람은 질문으로 '상대에게 관심이 있음'을 나타내면서 자연스러운 커뮤니케이션으로 인정 욕구를 채워주는 사람이라고 할 수 있다.

03

꾸짖어야 할 때는 꾸짖기

최선을 다하지 못한 것 같군. 어떻게 해야 했을까?

 질문에 비난하는 뉘앙스를 담지 않는다

— 이러한 상황이라면
- 실수를 저지른 사람에게 조언해야 할 때

— 이렇게 질문해 보자!
- 지난번에 네가 그렇게 얘기했잖아. 그 방법으로 시도하면 되지 않을까?
- 너는 이미 방법을 알고 있지 않아?

질문으로 상처 대신 깨달음을 준다

　예전에 고등학교에서 논술 첨삭을 가르치는 선생님들을 지도한 적이 있다. 지금까지의 경험에서 볼 때 선생님들의 지도 방식에는 개선이 필요한 것이 두 가지가 있었다. 하나는 잘못된 부분이 하나만 있어도 엄하게 꾸짖는 방식이고, 다른 하나는 학생에게 측은한 마음이 들어 전혀 지적하지 않는 방식이다.

　두 가지 방식 중에서도 후자에 더 큰 문제가 있다. 후자의 방식으로 가르치는 선생님이 지적하지 않는 이유의 대부분은 학생에게 상처를 주는 것이 두렵기 때문이다. 상처를 주지 않고 전달하는 방법을 모른다는 건 애초에 전달 방법을 고민하는 자세가 부족한 것이다.

　특히 더욱 안타까운 점은 무난한 문구를 사용해 교정하거나 '상당히 잘했다'라는 평가 의견을 남기면서 10점 만점에 6점을 주는 것이다. 학생은 '상당히 잘했다'라는 평가를 칭찬으로 받아들일 것이다. 그러나 칭찬에 미치지 못하는 낮은 평가 점수는 학생을 혼란에 빠지게 할 뿐 아니라 향상심을 저하시킬 수도 있다.

아마도 그러한 선생님의 대부분은 수업이나 조회 시간에도 같은 자세로 임할 것이다. 교정해야 할 점을 알고 있으면서도 지적하거나 질책하지 않고 지나친다면 바람직한 지도라고 할 수 없다.

물론 엄하게 꾸짖는 지도를 긍정하는 것은 아니다. 결점을 지적하는 것으로 끝내서는 안 되지만, 우선 결점을 확실히 지적하는 것이 중요하고, 이후에 개선 방법을 알려준다면 학생은 상심하지 않을 것이다. 지도하는 측의 마음가짐은 학교 교육뿐 아니라 업무나 일상생활에서 일어나는 비슷한 상황에도 응용할 수 있다.

긍정적인 미래를 내다보는 질문을 던진다

부하 직원이나 후배의 언동에 조언할 필요가 있을 때, 상대에게 상처를 주지 않으면서 지적을 받아들이게 하고, 앞으로 개선해 나갈 수 있도록 도와주는 일은 생각보다 어렵지 않다. 다음과 같이 질문해 보자.

Q

- 최선을 다하지 못한 것 같군. 어떻게 해야 했을까?
- 네 방식이 잘못된 것은 아니지만, 다른 방법도 있지 않았을까?

꾸짖을 필요가 있을 때도 긍정적인 질문으로 치환한다. 상대에게 반성의 말을 강요하거나 몰아붙이는 질문이 아니라 상대의 사고가 미래를 향해 나아갈 수 있도록 질문을 던진다.

Q

- 지난번에는 잘했잖아. 이번에도 전처럼 했다면 잘되지 않았을까?
- 이번에는 실수가 있었지만, 이 미 해결 방법을 알고 있잖아?

만회할 수 없는 실패를 한 상대에게도 이렇게 질문해 보자.

Q

- ✗ 어째서 시작하기 전에 의논하지 않았나?

- ○ 이번 도전은 무척 용기 있었어. 몇 년 후에는 분명 결실을 맺을 수 있을 거야.

이처럼 긍정적으로 치환하면 좋은 분위기에서 앞으로의 이야기를 펼쳐나갈 수 있다.

04
실패로 낙담한 상대를 다시 일으키기
한 가지 잊지 않았어?

 질문으로 3WHAT과 3W1H의 누락된 조각을 찾게 한다

— 이러한 상황이라면
- 시행착오의 원인을 찾지 못해 정체된 상대에게 힌트를 주고 싶을 때

— 이렇게 질문해 보자!
- 함께 점검해 볼까요?
- 다음을 위해 함께 생각해 볼까?

머릿속에서 정리를 도와주는 질문 기술

여기서는 실패로 낙담한 사람을 다시 일으키는 질문을 살펴보고자 한다. 다시 논술 첨삭 지도를 예로 들어보자. 개선이 필요한 첨삭 지도 방식 중에 '잘못된 부분이 하나만 있어도 엄하게 꾸짖는' 방식을 예로 들었는데, 이 방식 중에서도 문제점 하나하나를 지적하는 사람이 있다.

'의도가 불분명하다' '예시가 부적절하다' '논리에 모순이 있다'와 같이 끊임없이 지적이 이어지면 학생은 자신의 모든 것이 부정당한 기분이 들어 자신감을 잃고 만다. 무엇을 어떻게 수정해야 좋은 논술을 완성할 수 있을지 생각할 수 있는 길마저 찾기 힘들다.

그렇다면 좋은 첨삭이란 어떤 것일까. 예를 들어 '고등학생이 아르바이트를 하는 것은 바람직한가'라는 주제의 경우, 학생의 주장, 즉 결론 부분부터 정한다. 그런 다음 그 주장을 펼치기 위해 필요한 재료가 충분한지를 검토한다.

'학생의 본분은 공부이므로 아르바이트는 반대한다'라는 입장이면 납득할 수 있는 이유를 제시해야 한다. 반대로 '고교 시절은 사회에 나가기 위한 준비 기간이기도 하니 아르바이트에 찬성한다'라는 입장이면 근거를 제시해야 한다. 잘못된 부분 하나하나를 지적하는 대신 상대의 주장을 긍정하고, 그 주장이 설득력을 갖출 수 있도록 부족한 점을 생각할 수 있게 돕는다. 이때 3WHAT과 3W1H의 관점이 사고 정리에 효과적이다.

예를 들어 찬성하는 입장에서 주장할 때는 배경과 원인(WHY 이유)을 고려하지 않으면 시야가 좁고 깊이가 없는 문장이 나오는 경우가 있다. "이 부분에 대해 생각해 봤어?"라고 질문을 던지면 작성자는 자신이 어디서 실수했는지를 스스로 발견할 수 있다.

점검하는 질문으로 스스로 깨닫게 한다

비즈니스에서도 상대가 머릿속을 정리할 수 있도록 질문을 던지고 문제점을 깨닫게 하는 것이 중요하다.

Q

× 예산은 고려하지 않았어?

○ 한 가지 잊지 않았어?

× 질문의 예시와 같이 질문자가 답을 말하기보다 ○ 질문의 예시와 같이 질문을 던져야 답변자가 스스로 생각할 수 있다. '3WHAT'과 '3W1H'의 관점을 힌트로 질문을 제시하는 것도 효과적이다.

코칭에는 '점검'이라는 스킬이 있다. 직면한 과제 해결을 위해 코치와 클라이언트가 이인삼각으로 아이디어를 도출하는 것이다.

○ 함께 점검해 볼까요?

실패한 사람을 격려하고 함께 다음을 향해 생각하는 계기 또한 질문이 마련해 준다. 머릿속에서 생각이 정리되지 않

을 때는 표를 작성해 가시화하는 것도 하나의 방법이다.

질문을 던지던서 사고를 점검해 나가면 상대는 과제 달성을 위해 필요한 요소, 우선순위 등 다양한 지표를 토대로 분석할 수 있고, 다음에 해야 할 행동을 찾을 수 있을 것이다.

05

태만한 부하 직원을 움직이게 하기

무엇이 걸림돌인가?

구체적인 질문이 문제 해결의 열쇠가 된다

— 이러한 상황이라면
- 상대를 이대로 두면 아무것도 하지 않아 사태가 악화될 때

— 이렇게 질문해 보자!
- 기획부 ○○씨가 이 분야를 잘 알고 있는데, 알고 있나?
- 전임자나 과장에게 조언을 듣겠나?

상대를 질문으로 움직이게 한다

팀 안에 업무가 중단된 사람이 있으면 팀 전체의 사기가 떨어진다. 어떻게든 상대를 개선시키고 싶을 때 적절한 방법이 있다.

업무가 멈춰 있는 경우는 실마리를 찾지 못해서 어떻게 해야 할지 모르는 상태인 경우가 많다. 어떻게 움직여야 할지 모르니 우물쭈물하고 있는 것이다. 그 모습을 지켜보는 주위에서는 '왜 저래' '도대체 뭘 하고 있는 거야'라고 조바심을 낸다.

이때는 꾸짖거나 몰아붙인다고 원하는 결과를 낼 수 없다. 무엇부터 시작해야 될지 몰라서 머릿속이 정리되지 않기 때문에 무언가를 해야 한다는 것을 알면서도 시작하지 못하는 것이다.

예를 들어 신규 기획에 필요한 자료 수집을 맡은 부하 직원의 업무가 전혀 진전되지 않는다면 다음과 같이 질문해보자.

○ 무엇이 걸림돌인가?

'지금 작업이 중단된 상황에는 무슨 이유가 있는 거지?'라고 질문을 던지는 것이다. 업무가 정체된 경우 '사내 어디에 자료가 보관되어 있는지' '어느 부서의 누구에게 문의해야 하는지'를 몰랐을 뿐인 때도 있다.

× 왜 아직 안 하는 거야?

× 지금까지 뭘 한 거야?

이렇게 불만을 터뜨리기만 하는 질문은 마음속에 묻어두고, 상대의 행동을 촉진하는 질문으로 바꿔나간다. 상대가 작업을 수행하기 위한 첫발을 내딛고, 해야 할 행동을 스스로 알아차리도록 구체적인 질문을 던지는 것이 중요하다.

'YES or NO 퀴즈'와 'A or B 퀴즈'

질문을 구체화하는 방법은 두 가지다. 먼저 '예'나 '아니요'로 답변할 수 있는 'YES or NO 퀴즈'의 예시를 살펴보자.

- 기획부의 C○씨가 이 분야를 잘 알고 있는데, 알고 있나?
- 우선 자료실로 가서 자료부터 찾아볼래?

다음은 선택지 중에서 고르는 'A or B 퀴즈'다.

- 전임자나 과장에게 조언을 듣겠나?
- 자료 정리와 관련 자료 온라인 주문 중 어느 것부터 하겠나?

이처럼 첫발을 움직이게 하는 질문이 침체된 팀의 활성화에 중요한 촉매제가 될 것이다.

06

폭주를 멈추게 하기

잘하고 있겠지만, 힘든 점은 없나?

 상대가 현 상황을 알아차릴 수 있도록 질문으로 유인한다

— 이러한 상황이라면
- 자신의 방법대로만 밀어붙이는 부하 직원이나 후배가 있을 때

— 이렇게 질문해 보자!
- 중간 경과를 보여주겠나?
- 지금부터 노선을 조정해도 자네라면 가능하지 않겠나?

추진력을 인정하면서 질문의 형태로 충고한다

 업무를 척척 진행하는 유형의 사람은 주위에서 보면 듬직한 존재다. 이러한 사람은 일단 시작하고 나면 오히려 느긋하게 진행하는 것이 어렵다. 방법이 틀렸다면 틀린 대로 다시 하면 된다고 생각하기 때문에 업무를 소화하는 속도가 빠르다.

 사실 속도감은 나무랄 데 없지만, 개중에는 자신이 이해한 대로만 밀어붙이다 도중에 방향이 어긋나거나 길을 잃은 상태인 경우도 있다. 누군가에게 한마디만 물어봐도 간단히 해결될 일도 지난번 업무 방법대로 하면 된다며 마음대로 판단하고 밀고 나간다. 이미 이 단계에서는 다른 사람에게 물어볼 수도 없는 상황이다.

 부하 직원이나 후배가 이러한 상태일 때는 윗사람이 중요한 국면에서 질문해 주기를 바라고 있을 것이다. 하지만 척척 밀고 나가는 부류는 자신이 질문하는 것을 패배 선언과 같다고 느끼기도 한다. 질문은 부끄러운 일이라는 선입견이 있는 것이다. 따라서 "궁금한 점이 있으면 물어봐"라는 말로는 상대의 언동을 바꾸기 어렵다.

적절한 타이밍의 질문이 열쇠가 된다

여기서는 상대를 인정한 후 지적하는 것이 중요하다.

○ 잘하고 있겠지만, 힘든 점은 없나?

'(물론) 잘하고 있겠지만 (그럼에도) 힘든 점이 있을 것 같은데?'와 같이 '물론~하지만~'을 활용한 질문으로 먼저 상대를 인정한 후 생각을 유인하면 상대는 헤매고 있는 점이나 힘든 점을 능동적으로 질문할 수 있다. 우선 칭찬이 담보가 되어 있기 때문이다.

○ 상당히 결과가 기대되는데, 중간 경과를 보여주겠나?

이 질문으로 엉뚱한 방향으로 돌진하고 있던 상황이 막바지에 이르러 드러나는 비극을 막을 수 있다. 이러한 커뮤니케이션이 선행된다면 다음과 같은 질문도 받아들일 수 있을 것이다.

- 지금부터 노선을 조정해도 자네라면 충분히 가능하지 않겠나?
- 이참에 걸리는 점이 있으면 알려주겠나?

그럼에도 불구하고 자신의 방식을 고수한다면 강제로 궤도 수정을 지시하기 전에 적절한 타이밍을 잡아 현 상황을 알아차리게 하는 질문을 던지는 수밖에 없다.

- 조금 더 프로젝트 전체의 동향을 살펴보는 게 좋지 않을까?
- 참신한 진행 방식이지만, 시대를 앞서간 것 같지 않나?

적절한 타이밍에 던진 질문으로 순간적인 착각이나 실수를 알아차릴 때가 있다. 곁에서 '지켜보고 있다'라는 시선이 상대에게 전달되면 추진력을 올바른 방향으로 향하게 할 수 있을 것이다.

07
부정적인 보고나 상담에 대응하기
지친 거 아닌가?

 도망갈 길을 만들어주고 답변은 기다리지 않는다

— 이러한 상황이라면
- 업무상 문제 보고, 업무에 대한 불만, 퇴사 신청 등에 대응할 때

— 이렇게 질문해 보자!
- 지금 단계에서 말해줘서 다행이군. 대책을 논의해 볼까?
- 육체적으로 지쳤나? 정신적으로 지쳤나?

부정적인 상담 신청을 받았다면 질문으로 상대의 긴장을 풀어준다

상사에게 부정적인 보고를 해야 할 때만큼 마음이 무거운 일은 없을 것이다. 말하기 힘든 일을 어떻게 말해야 할지 고민하는 동안 마음은 점점 더 우울해진다.

보고를 받는 쪽도 갑작스러운 상황에 우왕좌왕할 수 있다. 당연히 꾸짖고 싶은 마음이 들겠지만, 따끔한 주의보다 우선 상황을 냉정하게 분석하는 것이 중요하다.

"자네의 방식은 틀리지 않았지만, 상대에 대한 배려가 부족하지 않았을까?" "ㅇㅇ라는 점에서 잘못된 판단을 했지만, 상대편도 그렇게 대응할 수밖에 없지 않았을까?"와 같이 현 상황을 공유한 후에 다음과 같이 질문한다.

- 요즘 일이 몰려서 지친 거 아닌가?
- 지금 단계에서 말해줘서 다행이군. 식사하면서 대책을 생각해 볼까?

이처럼 도망갈 길을 만들어준다. 본론에서 살짝 벗어난 질문으로 되물으면 상대의 마음에 여유를 줄 수 있는 이점이 있다. 답변은 재촉하지 않아도 된다. 답변을 기대하기보다 일단은 보고를 잘 받았고, 상황이 공유되어 마음이 놓인다는 점을 전달한다. 이런 질문에는 상대의 긴장을 푸는 효과도 있다.

거듭 질문을 던지기만 해도 된다

팀원에게 받는 가장 부정적인 상담이라면 퇴사 신청일 것이다. 그만두고 싶은 이유를 물어보면 상대는 "이 업무에 맞지 않는 것 같다" "이전부터 하고 싶은 일이 있다"라고 말할 수도 있다. 그러나 진짜 이유는 인간관계 때문인 경우가 적지 않다. 그 점을 말하고 싶지 않아서 흔한 이유를 대는 경우도 있다. 이때 다음과 같이 의중을 떠보자.

- 업무가 지루한가? 아니면 인간관계에 어려움이 있나? 솔직하게 말해줄 수 있겠나?

퇴사라는 미묘한 문제의 경우 어느 정도까지 진실을 말할지 알 수 없지만, 그만두고 싶을 정도로 힘든 마음에 있는 무언가에 초점을 맞추는 질문을 던져나간다.

그리고 상대에게 상처를 주지 않는 말을 선택한다. 인간관계에서 비롯된 심신의 이상이 이유라고 해도 구체적인 증상이나 병명을 말하지 않으면 짐작만으로 말해서는 안 된다.

- 육체적으로 지쳤나? 정신적으로 지쳤나?
- 장기 휴가를 가는 방법도 있다네.

질문이란 거듭하기만 하고 끝내도 효과적인 경우가 있다. 질문을 받는 것 자체가 자기반성과 자기발견의 계기가 되기 때문이다. 무엇보다 그 자리에서 결론을 듣지 않아도 된다는 자세로 상대의 대응을 기다리는 것이 중요하다.

08
정답을 바라는 사람에게 조언하기

반대 의견에 부딪히면 뭐라고 말할 거야?

 '이렇게 해야 한다'는 생각에 사로잡힌 사람에게는 반대 의견을 생각하게 하는 질문을 던진다

— 이러한 상황이라면
- 스스로 업무 과제를 찾지 못하는 사람을 움직이게 하고 싶을 때

— 이렇게 질문해 보자!
- 본인 의견에 자신이 반대한다면 뭐라고 말할 거야?
- 정말 그 의견밖에 없어?

정답을 바라는 것과 불안은 종이 한 장 차이

자신의 정의가 세상의 정의라고 믿는 사람이 있다. 지금까지의 인생 경험으로 몸에 밴 잣대가 살아가는 데 절대적인 척도라고 믿는다. 어느 특정 사회나 집단의 규칙을 철저히 지킬 수 있는 적응력을 지니고 있기에 주위에서는 유능한 사람으로 평가할 가능성이 높지만, 과연 그럴까. 사실 이런 사람은 가장 머리가 좋지 않은 유형이라고 생각한다.

이러한 유형의 사람은 모든 사안에 대해 '반드시 그러하다'라고 생각한다. 생성형 AI의 기업 활용에 대해 의견을 물어보면 '당연히 좋다' 혹은 '당연히 안 된다' 중 하나를 택한다. 신상품 기획 회의에서 자신의 안을 발표한 후 주위에서 "수요가 있을까?"라고 물어보면 "반드시 팔린다!"라며 단언한다. 기획에 드러난 문제점을 주위에서 깨닫고 지적하고 있지만 본인만 알아차리지 못한다.

'반드시 그러하다'라는 사고방식은 '이렇게 해야 한다'라는 생각에 사로잡혀 있는 상태다. 이런 유형의 사람에게는 한정과 제한이 오히려 안도감을 주기 때문에 속박이 없는 상태에 놓이면 갑자기 불안해진다. 기댈 곳이 없어지면 어떻게 생각하고 움직이면 될지 알 수 없게 된다. '어떻게 해야 틀리지 않을까요?' '이게 맞나요?'라고 모든 것에 정답을 바라게 된다. 당연히 좋은 답이 있다고 믿기 때문이다.

확실한 방향으로 나아가고 싶고, 실패를 두려워하는 사람은 성실하고 신중하다는 긍정적인 특성을 지니고 있다. 그 특성에 더해 시야가 넓어지면 지금보다 더 능력을 발휘할 수 있을 것이다. 이러한 사람에게는 반대 의견을 생각하게 하는 질문을 던져 생각을 흔들 수 있다.

새로운 관점을 발견할 수 있는 질문을 던진다

예를 들어 생성형 AI의 기업 활용이 '당연히 좋다'라고 답한다면 "나는 관대한다. 그렇게 되면 지금 부서는 틀림없이 사라지지 않을까?"라고 도발적으로 되물어본다. 질문의 형태로 반대 의견이 제시되면 상대의 사고는 더욱 활성화된다.

일부러 극단적인 의견을 던지는 방법도 있다. 예를 들어 "AI가 업무의 중심이 되는 세계는 굉장한 세계일 거야?"라는 상사의 의견에 "그건 좀…"이라고 반발한다면 생성형 AI가 활용될 미래를 상상하는 동안 새로운 관점을 발견할 수 있을지도 모른다. 도발적인 질문을 던져 상대가 생각하고 머릿속을 정리하도록 돕는 것이다.

또 반대 의견이 아니라 다른 관점이 있음을 발견하도록 돕는 질문도 있다.

○ 반대 의견에 부딪히면 뭐라고 말할 거야?

이렇게 물어보면 상대의 발상이 단편적임을 암시할 수 있다. 상대가 스스로 논점을 찾아내도록 도와주고 상대의 사고를 유연하게 만들 수 있다.

- 정말 그 의견밖에 없어?

- 본인 의견에 자신이 반대한다면 뭐라고 말할 거야?

질문은 커뮤니케이션의 구세주다. 상대를 내 편으로 만들어 움직이게 할 수 있을 뿐 아니라 상대와 자신에게 새로운 관점을 제시할 수도 있다. 우리는 갈고닦은 질문력을 발판으로 풍요로운 인간관계와 인생을 만들어나갈 수 있을 것이다.

스마트한 사람은
질문으로 차이를 만든다

초판 1쇄 인쇄 2024년 10월 15일
초판 1쇄 발행 2024년 10월 25일

지은이 히구치 유이치
옮긴이 안선주
펴낸이 정용수

책임총괄 차인태
디자인 손정주
영업·마케팅 김상연·정경민
제작 김동명 **관리** 윤지연
진행 김민영

펴낸곳 ㈜예문아카이브
출판등록 2016년 8월 8일 제2016-000240호
주소 서울시 마포구 동교로18길 10 2층
문의전화 02-2038-3372 **주문전화** 031-955-0550 **팩스** 031-955-0660
이메일 archive.rights@gmail.com **홈페이지** ymarchive.com **인스타그램** yeamoon.arv

ISBN 979-11-6386-359-5 03190
한국어판 출판권 ⓒ 예문아카이브, 2024

㈜예문아카이브는 도서출판 예문사의 단행본 전문 출판 자회사입니다.
널리 이롭고 가치 있는 지식을 기록하겠습니다.
이 책 내용의 전부 또는 일부를 이용하려면 반드시 저작권자와 ㈜예문아카이브의 서면 동의를 받아야 합니다.

* 책값은 뒤표지에 있습니다. 잘못 만들어진 책은 구입하신 곳에서 바꿔드립니다.